아뜰리에 올라의
프랑스 자수 작업실

아뜰리에 올라의
프랑스 자수 작업실

이화영
지음

팜파스

PROLOGUE

실과 바늘로 그려낼 것들을 상상하는 일은 늘 즐겁고 두근거립니다.
그리고 그것들을 스티치로 하나하나 천에 옮기는 것은
오롯이 나에게 집중하여 위로와 치유의 시간을 보낼 수 있도록 해줍니다.
마침내 자수가 완성이 되었을 때 주는 성취감은
이로 말할 수 없는 기쁨입니다.

이렇듯 시작부터 완성까지 다양하고
소중한 경험을 줄 수 있는 자수는 매력적인 작업입니다.

그래서 저에게 자수를 놓는 일은 여행을 하듯이
언제나 가슴이 뛰고 행복합니다.

이 책에서는 일상 속에서 만나볼 수 있는
여러 가지 것을 자수로 재미있게 그려내려고 노력했습니다.

제가 자수를 놓으면서 느꼈던 즐거운 시간을 이 책을 통해
함께 나눌 수 있길 바랍니다.

C O N T E N T S

PROLOGUE - 005

Basic 01 자수에 필요한 재료와 도구 - 010

Basic 02 자수의 기초

1 | 자수 놓을 원단 준비 - 012

2 | 도안 옮기기 - 012

01 수성펜으로 도안 그리기 | **02** 초크페이퍼로 도안 옮기기

3 | 수틀 사용법 - 013

4 | 자수실 사용법 - 014

01 책에서 사용하는 자수실의 종류 | **02** 자수실을 보빈에 감는 방법
03 바늘에 실 끼우기 | **04** 시작 매듭짓기 | **05** 마무리하기

Basic 03 자수 작업을 위한 팁

1 | 펠트지 덧대는 방법 - 020

2 | 아플리케 하는 방법 - 021

01 공그르기를 사용하여 아플리케 하는 방법
02 접착심지를 사용하여 아플리케 하는 방법

3 | 브로치 & 마그넷 만드는 방법 - 023

4 | 목재 패널 액자 만드는 방법 - 024

5 | 프레임 동전지갑 만드는 방법 - 025

Basic 04 이 책에 사용한 스티치 - 026

Part 01 향기로운 자수

1 • 동그라미 꽃 브로치 -042
2 • 소박한 꽃 손수건 -048
3 • 장미 티코스터 -054
4 • 수선화 동전지갑 -060
5 • 선인장 북커버 -066
6 • My Favorite Garden -074
7 • 수국 머리끈 -082
8 • 나팔꽃 파우치 -088

Part 02 귀여운 자수

1 • 작은 숲 우표 파우치 -096
2 • 토끼와 당근 턱받이 -104
3 • 고슴도치 니들케이스 & 핀쿠션 -110
4 • 참새 동전지갑 -120
5 • 고양이 브로치 -126

Part 03

일상 속 자수

8 • 크리스마스카드 -184

7 • 파리지앵 파우치 -178

6 • 바느질 & 자수 도구 알파벳 액자 -168

5 • 생일축하카드 -162

4 • 액세서리 미니액자 -156

3 • 카네이션 카드 & 브로치 -150

2 • Olive & Oliver 알약 케이스 -144

1 • 바느질 & 자수 도구 가랜드 -136

맛있는 자수

1 • 맛있는 9가지 브로치 -192
2 • 초밥 액자 -202
3 • Coffee Break 액자 -208
4 • 오니기리 액자 -214
5 • 파스타 액자 -220
6 • 옥수수 액자 -226
7 • 브런치 액자 -232
8 • 초밥 마그넷 -238

Basic 01

자수에 필요한 재료와 도구

1 | 수틀
원단을 팽팽하게 고정하여 편리하게 수를 놓을 수 있도록 합니다. 수틀의 크기는 다양하며, 작품의 크기에 맞춰서 수틀의 크기를 선택합니다. 나무, 대나무, 플라스틱 등 다양한 재질의 수틀이 있지만 나무로 된 수틀을 사용하는 것이 수를 놓을 때 천이 밀리지 않아 좋습니다.

2 | 자수바늘
다양한 브랜드의 자수바늘이 있지만, 대부분 클로버사나 존제임스사의 자수용 바늘을 사용합니다. 바늘의 호수가 클수록 바늘이 가늘어집니다. 대게 25번사를 기준으로 자수를 놓을 때 1~2가닥은 7~10호 바늘, 3~4가닥은 5~6바늘, 5~6가닥은 3~4호 바늘로 놓습니다.

3 | 자수실
자수실은 25번사를 주로 사용합니다. 그 외에 12번사, 8번사, 5번사, 4번사 등이 있으며 숫자가 커질수록 실의 굵기가 가늘어집니다. 또한 소재에 따라 울사, 메탈릭사, 자수용 리본 등이 있습니다.

4 | 자수가위
자수를 할 때 어떤 가위든 사용이 가능하지만, 자수가위를 사용하면 보통 가위보다 날이 섬세하므로 편리합니다.

5 | 실뜯개
자수를 수정할 때 실을 뜯는 도구입니다.

6 | 원단
자수용 원단으로는 보통 리넨, 광목을 가장 많이 사용합니다. 리넨은 세탁 후 수축되기 때문에 반드시 선세탁하고 자수를 놓습니다.

7 | 수용성 수성펜
원단에 직접 도안을 그리는 도구입니다. 물을 묻히면 쉽게 지워지며 다양한 색상과 굵기가 있어서 필요에 따라 선택하여 사용합니다.

8 | 철필
트레이싱페이퍼에 옮겨 그린 도안을 원단에 옮겨 그릴 때 사용하는 도구입니다.

9 | 트레이싱페이퍼
반투명한 재질의 종이로 책에 있는 도안을 연필로 베낄 때 사용합니다.

10 | 초크페이퍼

원단에 도안을 옮길 때 사용하며, 초크페이퍼로 옮겨진 도안은 물로 지워집니다. 잘 지워지지 않을 때는 비누칠을 하여 면봉으로 그 부분만 살살 비벼서 지워줍니다.

11 | 다용도 접착제

테두리가 복잡한 브로치 또는 마그넷을 만들 때 사용합니다.

Basic 02

자수의 기초

1 | 자수 놓을 원단 준비

리넨은 세탁을 하면 수축되므로 선세탁을 하고, 도안을 그리기 전에 다리미로 원단을 다려서 준비합니다.

2 | 도안 옮기기

01 수성펜으로 도안 그리기

수용성 자수펜으로 원단에 직접 도안을 그립니다. 자수를 완성하고 원단을 물에 세탁하면 쉽게 지워집니다.

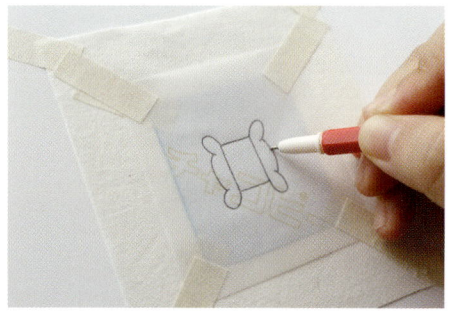

02 초크페이퍼로 도안 옮기기

트레이싱페이퍼에 그린 도안을 초크페이퍼를 통해 원단으로 옮깁니다.
아래부터 원단 - 초크페이퍼 - 트레이싱페이퍼 순으로 놓고 철필로 그린 후 잘 그려지지 않은 부분은 수용성 자수펜으로 그려줍니다.

3 | 수틀 사용법

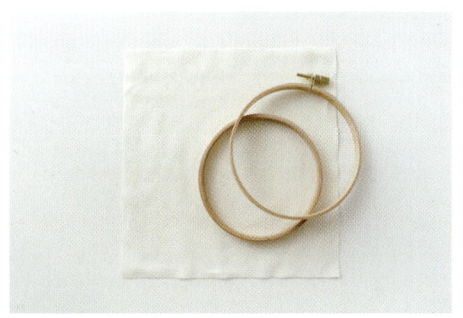

1_ 원형 틀을 두 개로 분리하고 수틀에 끼울 원단을 준비합니다.

2_ 작은 틀을 맨 아래에 놓고 그 위에 원단을 올린 후, 큰 틀을 손으로 눌러 끼웁니다. 이때 큰 틀 위에 있는 나사를 너무 느슨하게 하는 것보다 약간 조여서 끼우면, 원단이 팽팽하게 고정됩니다.

3_ 원단을 팽팽하게 정리한 후에 나사를 꽉 조입니다.

4 | 자수실 사용법

01 책에서 사용하는 자수실의 종류

대부분 DMC사의 25번사를 사용했습니다. 25번사는 자수용으로 가장 많이 사용하는 자수실이며, 총 6가닥이 엮인 실로 필요한 가닥수만큼 뽑아서 사용합니다. 그리고 포인트를 주고 싶거나 질감을 다르게 표현하고 싶을 때 8번사, 5번사, 메탈릭사, 덴마크 꽃실, 애플톤 울실(크루엘)을 부분적으로 사용했습니다. 8번사와 5번사는 25번사보다 두껍기 때문에 거친 질감을 표현할 수 있고, 반짝거리는 메탈릭사는 포인트로 사용하기에 좋습니다. 애플톤사의 울실은 포근한 질감과 두께감을 주며, 덴마크 꽃실을 사용하면 빈티지한 색감과 매트한 질감을 표현할 수 있습니다.

02 자수실을 보빈에 감는 방법

1_ 실타래를 감싼, 실 색상 번호가 적힌 라벨지 쪽으로 나온 실을 조금 당겨 준비합니다.

2_ 라벨지를 벗기고, 실타래를 반으로 갈라놓습니다.

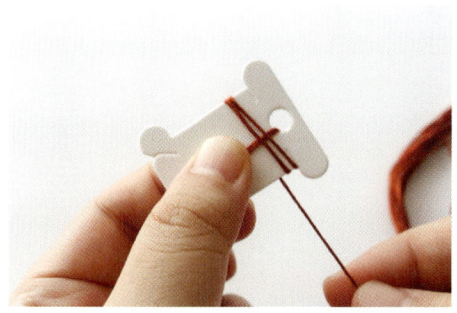

3_ 보빈 구멍에 실 끝을 넣고, 실을 보빈에 감습니다.

4_ 보빈을 다 감은 후, 보빈 상단에 실 색상 번호를 적어 보빈함에 넣어두면 좋습니다.

03 바늘에 실 끼우기

1_ 실(25번사)을 적당한 길이(약 40~50cm)로 자른 후, 느슨하게 꼬여 있는 6가닥에서 1가닥씩 필요한 수만큼 빼내어 사용합니다. 이때 1가닥씩 뽑아야 실이 엉키지 않고 잘 빠집니다.

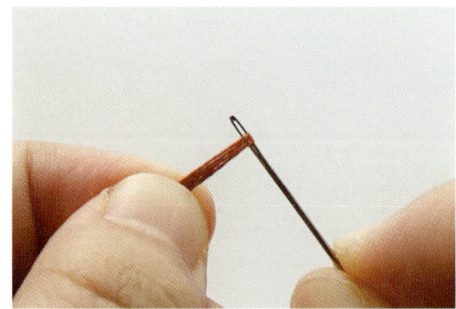

2_ 실 끝을 바늘귀 부분에 대고 반으로 접습니다.

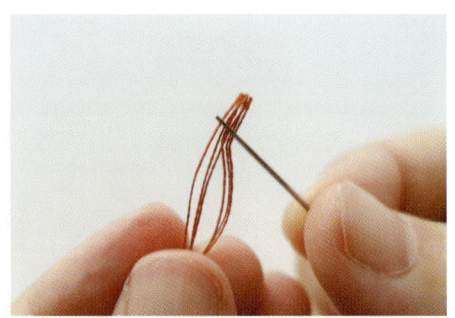

3_ 접은 실을 손가락으로 누른 상태에서 바늘귀에 넣습니다.

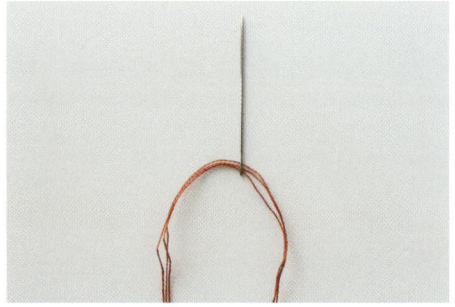

4_ 실을 당겨 바늘 통과시킨 후, 한쪽은 짧게 (10cm 이상), 나머지 한쪽은 길게 정리합니다.

04 시작 매듭짓기

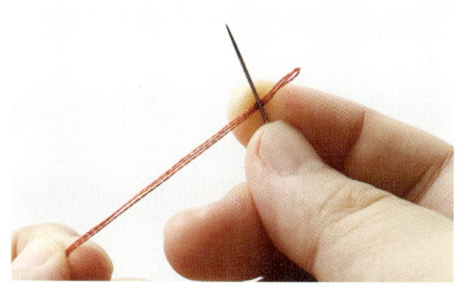

1_ 바늘을 통과시킨 실 중 긴 실의 끝을 검지 위에 올려 바늘과 +자 모양을 만듭니다.

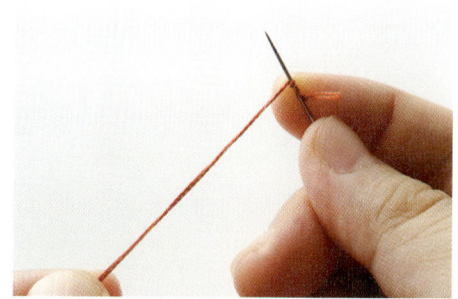

2_ 바늘에 실을 1~2회 정도 감아줍니다.

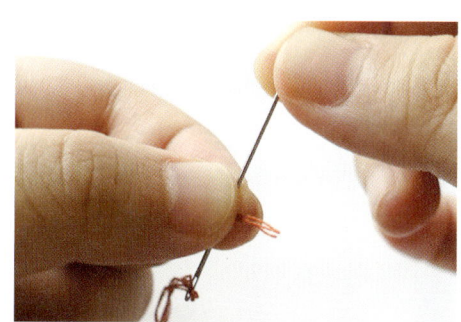

3_ 실이 감긴 부분을 엄지와 검지로 누른 뒤 다른 한 손으로 바늘을 빼냅니다.

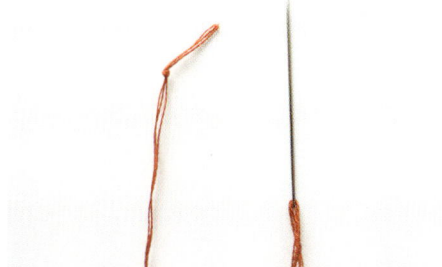

4_ 완성된 매듭 끝에 남아 있는 실은 적당한 길이로 잘라 정리합니다.

05 마무리하기

• 매듭으로 마무리하기

1_ 실을 잡은 상태에서 바늘을 반시계 방향으로 2회 정도 돌려 감습니다.

2_ 실을 감은 바늘을 매듭을 지어야 하는 쪽으로 당깁니다.

3_ 감은 실을 손가락으로 누른 후 다른 손으로 바늘을 빼냅니다.

4_ 남은 실은 잘라서 정리합니다.

• 매듭을 짓지 않고 마무리하기

1_ 실이 나온 곳 주변의 실 사이를 통과시켜 휘감습니다. 이 과정을 몇 번 더 반복합니다.

2_ 남은 실은 잘라서 정리합니다.

Basic 03

자수 작업을 위한 팁

1 | 펠트지 덧대는 방법

1_ 원단에 도안을 그리고, 원단에 붙일 펠트지에도 도안을 그립니다. 펠트지는 잘라서 준비합니다(입체 자수용 펠트지를 사용합니다).

2_ 펠트지를 홈질하여 임시로 고정합니다.

3_ 버튼홀 스티치로 펠트지와 원단을 연결합니다. 설명을 위해 빨간색 실을 사용했지만, 실제로 수를 놓을 때는 펠트지 위에 수를 놓아야 하는 자수실(25번사 1가닥)로 연결합니다.

4_ 연결한 후 임시로 고정한 실을 제거합니다.

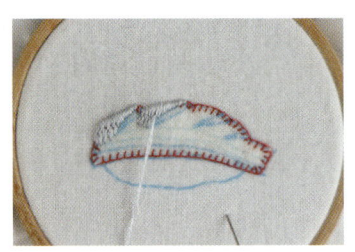

5_ 펠트지 위에 수를 놓습니다.

2 | 아플리케 하는 방법

01 공그르기를 사용하여 아플리케 하는 방법

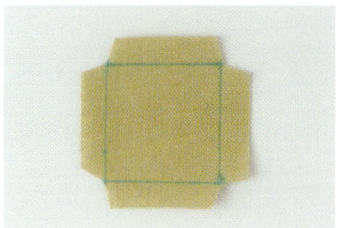

1_ 아플리케를 할 원단에 시접 0.5~1cm를 더하여 재단합니다. 이때 모서리 부분에 가위집을 냅니다(곡선일 경우 곡선 부분에 가위집을 내야 부드럽게 아플리케가 됩니다).

TIP 아플리케를 하기 전에 붙일 원단에 수를 놓아도 되고, 아플리케를 한 후에 수를 놓아도 됩니다. 이는 도안에 따라 적당한 경우를 선택합니다.

2_ 시접을 뒷면으로 접습니다.

3_ 바탕 원단에서 실이 나옵니다.

4_ 첫 실이 나온 위치에 맞춰 노란색 천을 한 땀 떠줍니다.

5_ 노란색 천에서 나온 실의 위치에 맞춰서 바탕원단을 한 땀 떠줍니다. 위 과정들을 반복합니다.

6_ 겉으로 실이 보이지 않으면서 원단을 연결할 수 있습니다.

TIP 설명을 위해서 붉은색 실을 사용했습니다. 실제로 아플리케를 할 때는 붙일 원단의 색상과 같은 색상의 실로 합니다.

02 접착심지를 사용하여 아플리케 하는 방법

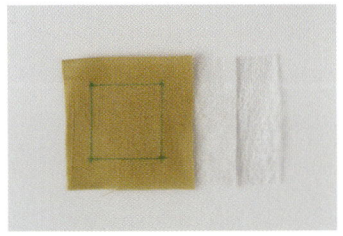

1_ 아플리케를 할 원단에 도안을 그리고, 단면 접착심지와 양면 접착심지를 준비합니다(사진에서 왼쪽부터 원단 - 단면 접착심지 - 양면 접착심지).

TIP 아플리케를 하기 전에 붙일 원단(단면 접착심지가 붙은 상태)에 수를 놓아도 되고, 아플리케를 한 후에 수를 놓아도 됩니다. 이는 도안에 따라 적당한 경우를 선택합니다.

2_ 다리미를 사용하여, 노란색 천 뒷면에 단면 접착심지를 붙입니다.

3_ 노란색 천 뒤에 양면 접착심지를 대고 시침핀으로 고정한 후, 도안에 따라 함께 재단합니다.

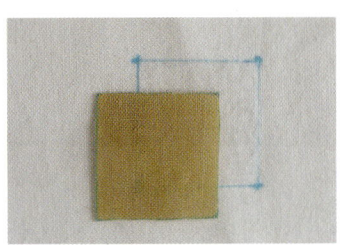

4_ 바탕 원단 위에 양면 접착심지를 놓고, 그 위에 단면 접착심지가 붙은 노란색 천을 올린 후 다리미를 사용하여 붙입니다.

5_ 카우칭 스티치를 노란색 천 경계면에 놓아, 경계면을 정리하면서 고정합니다.

6_ 테두리가 있는 아플리케가 완성됩니다.

3 | 브로치 & 마그넷 만드는 방법

1_ 여분 0.5~1cm을 남기고 재단 후, 여분을 톱니바퀴 모양으로 자릅니다.

2_ 톱니바퀴 모양으로 자른 부분에 다용도 접착제를 발라 뒤로 접습니다.

3_ 브로치 또는 마그넷으로 만들 부분과 같은 크기로 펠트지를 재단 후, 본드를 발라 뒷면에 붙입니다.

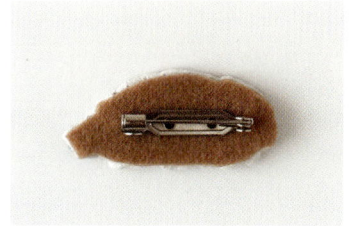

4_ 글루건으로 브로치 부자재 또는 자석을 붙여 완성합니다.

4 | 목재 패널 액자 만드는 방법

1_ 자수를 놓은 원단을 목재 패널보다 상하좌우로 약 10cm의 여분을 두고 재단합니다.

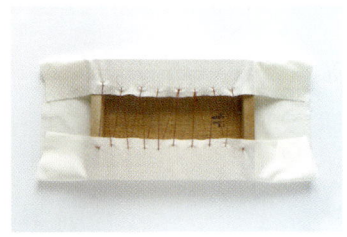

2_ 목재 패널에서 긴 가장자리 쪽의 원단을 안으로 접고 지그재그로 바느질합니다.

3_ 목재 패널에서 짧은 가장자리 쪽의 원단을 안으로 접되, 모서리 쪽은 각을 잡아 접습니다.

4_ 사진처럼 안으로 정리하여 접고, 모서리 쪽에 시침핀을 꽂아 임시로 원단을 고정합니다.

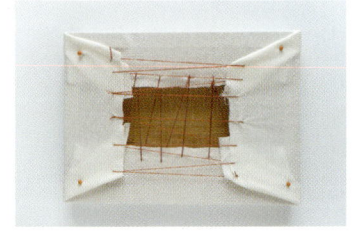

5_ 짧은 가장자리 쪽의 원단들도 지그재그로 바느질하여 연결합니다. 액자가 완성되면 시침핀은 제거합니다.

5 | 프레임 동전지갑 만드는 방법

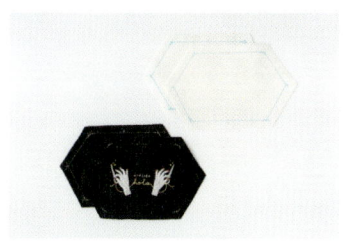

1_ 시접 1cm를 포함하여, 동전지갑의 겉감과 안감을 재단합니다.

2_ 겉감 2장을 겉면끼리 맞대고, 동전지갑의 아랫부분을 바느질합니다. 안감 2장도 같은 방법으로 바느질합니다. 바느질을 끝낸 후 바느질한 부분의 시접을 0.5cm만 남기고 재단합니다. 곡선으로 된 모서리 부분은 가위집을 냅니다(바느질은 모두 박음질로 합니다).

3_ 겉주머니를 뒤집은 후, 뒤집지 않은 안주머니 안에 넣어 겉면끼리 맞닿도록 합니다.

4_ 창구멍(3~4cm)을 남기고 동전지갑의 윗부분(입구 부분)을 바느질합니다. 바느질한 부분의 시접을 0.5cm만 남기고 재단 후, 곡선으로 된 모서리부분은 가위집을 냅니다.

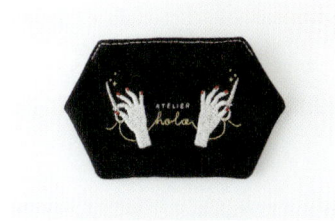

5_ 창구멍을 통해 뒤집은 후, 동전지갑의 입구 부분이 되는 곳(프레임에 넣는 곳) 끝의 0.2~0.3cm 위치를 바느질합니다.

6_ 프레임 안쪽에 목공용 본드를 바른 후 주머니 입구 부분을 넣고, 종이끈을 프레임 제작봉으로 밀어 넣습니다(프레임 제작봉이 없을 경우, 송곳을 사용합니다).

7_ 펜치에 펠트지 조각을 대고 프레임 끝을 조여 정리합니다.

Basic 04
이 책에 사용한 스티치

》》 러닝 스티치 《《
Running Stitch

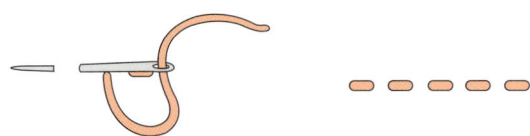

》》 레이지 데이지 스티치 《《
Lazy Daisy Stitch

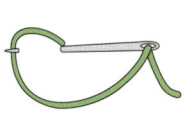 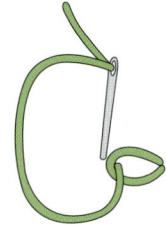 

》》 레이지드 리프 스티치 《《
Raised Leaf Stitch

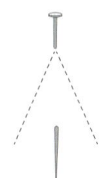 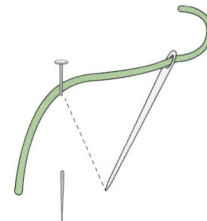 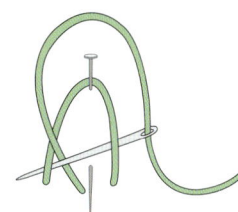

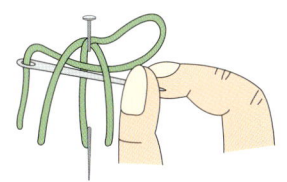 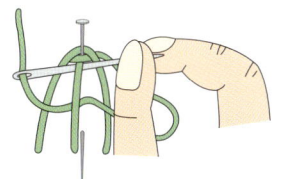 

》》 롱앤드쇼트 스티치 《《
Long and Short Stitch

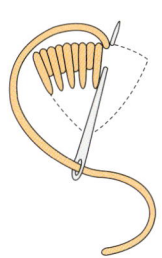 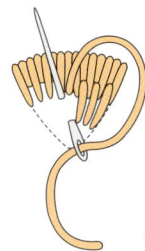 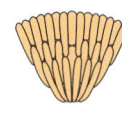

≫ 루프드 블랭킷 스티치 ≪
Looped Blanket Stitch

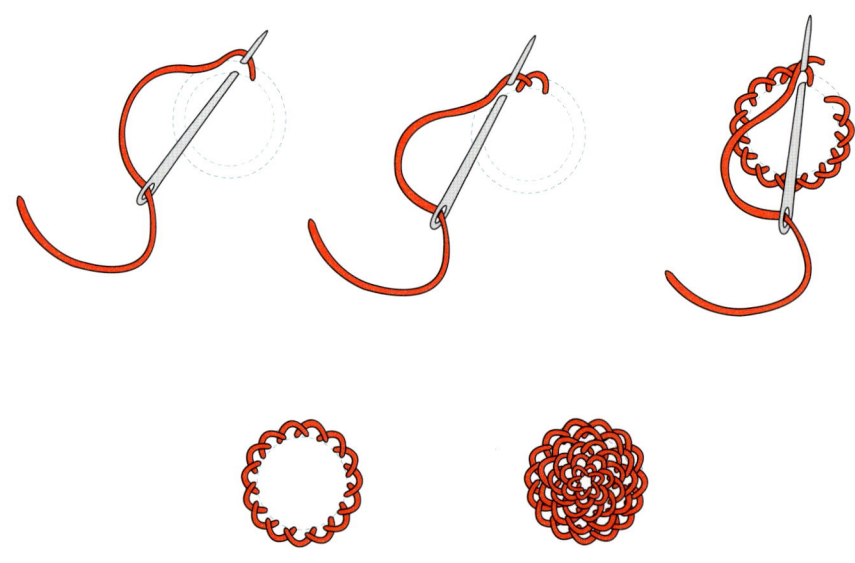

≫ 리프 스티치 ≪
Leaf Stitch

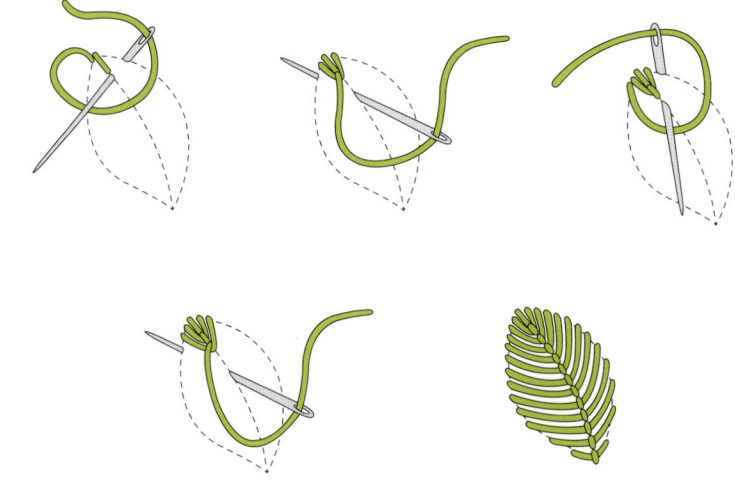

>>> 백 스티치 <<<
Back Stitch

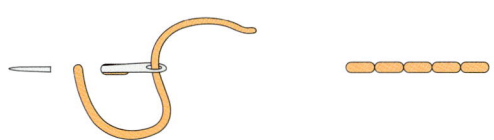

>>> 버튼홀 스티치 <<<
Buttonhole Stitch

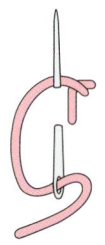 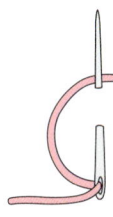 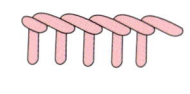

>>> 번들 스티치 <<<
Bundle Stitch

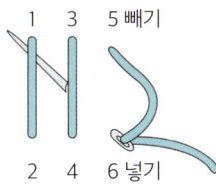 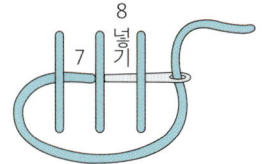 

》》》 불리온 노트 스티치 《《《
Bullion Knot Stitch

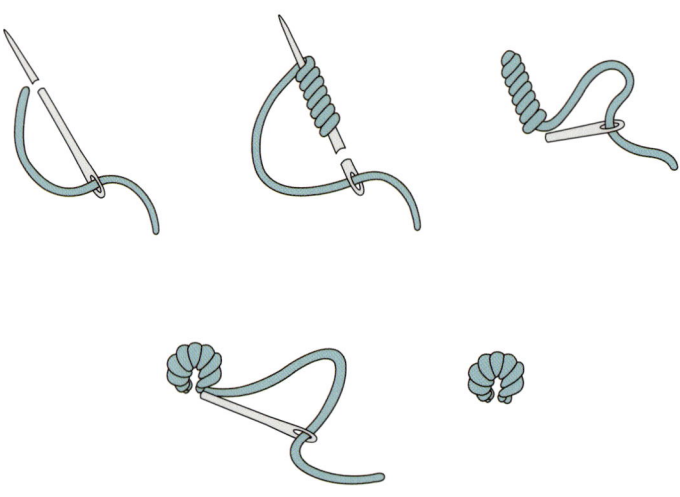

》》》 불리온 데이지 스티치 《《《
Bullion Daisy Stitch

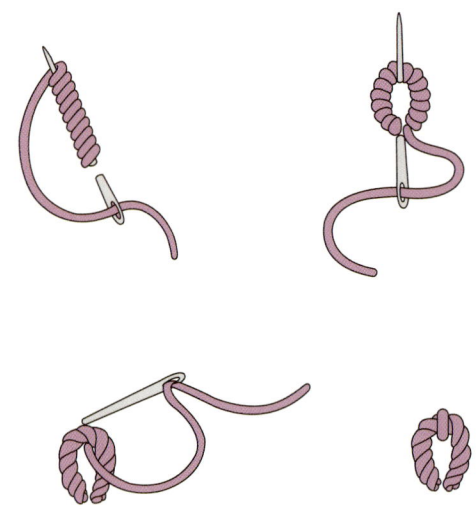

》》 불리온 스티치 《《
Bullion Stitch

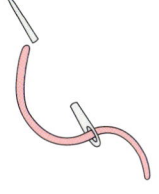 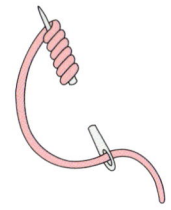 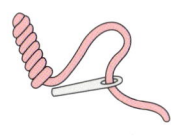

》》 새틴 스티치 《《
Satin Stitch

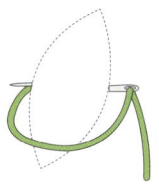  

》》 스트레이트 스티치 《《
Straight Stitch

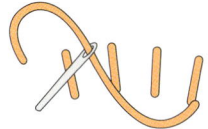 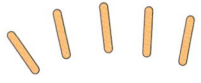

⟫ 스플릿 스티치 ⟪
Split Stitch

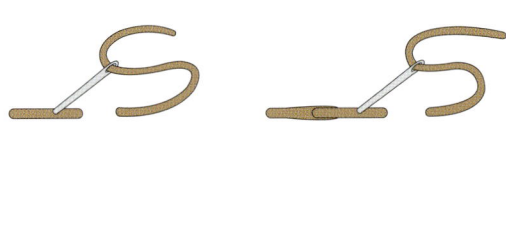

⟫ 아우트라인 스티치 ⟪
Outline Stitch

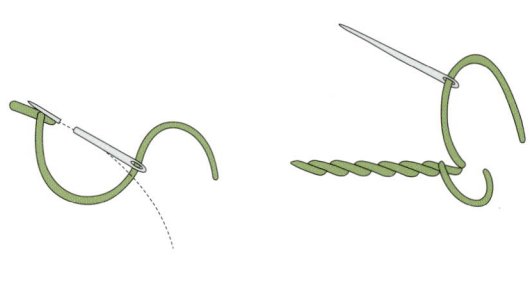

아웃라인 필링 스티치
Outline Filling Stitch

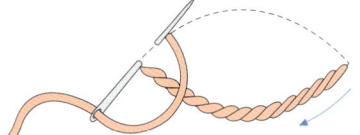
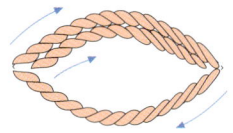

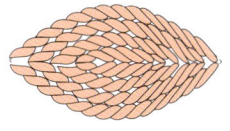

위빙 스티치
Weaving Stitch

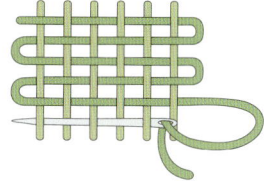
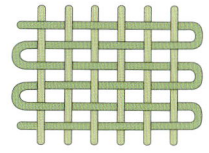

》》 체인 스티치 《《
Chain Stitch

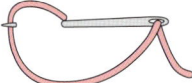

》》 카우치트 트렐리스 스티치 《《
Couched Trellis Stitch

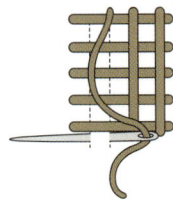
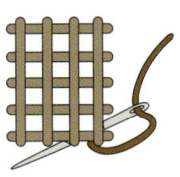

》》 카우칭 스티치 《《
Couching Stitch

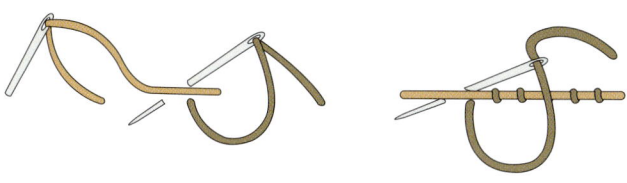

》》 캐스트 온 스티치 《《
Cast on Stitch

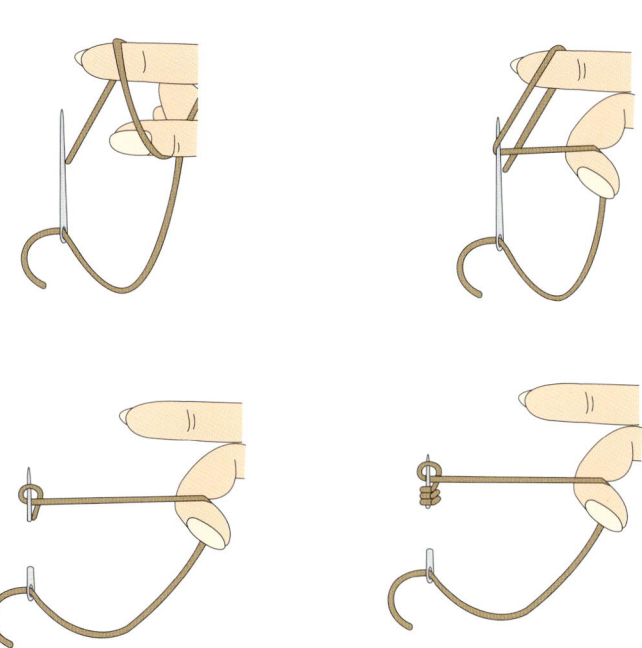

》》 케이블 체인 스티치 《《
Cable Chain Stitch

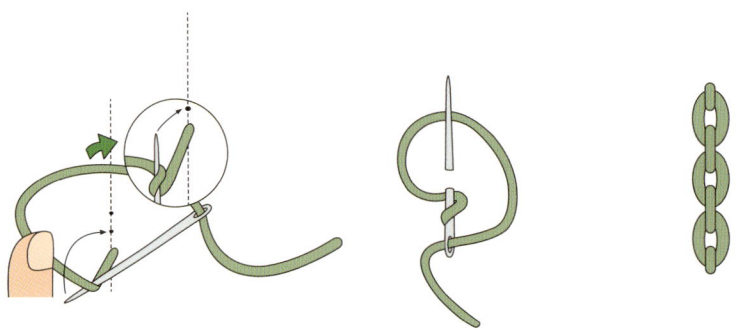

》》 터키 노트 스티치 《《
Turkey Knot Stitch

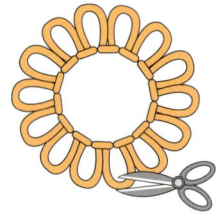

포레그드 노트 스티치
Four Legged Knot Stitch

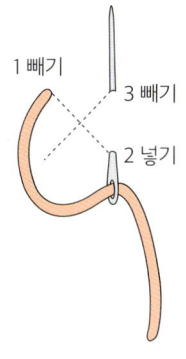 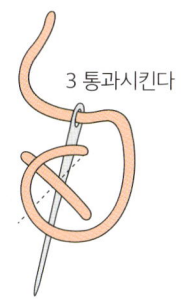 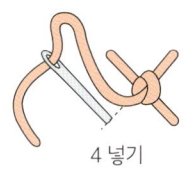

프렌치 노트 스티치
French Knot Stitch

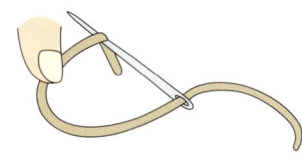 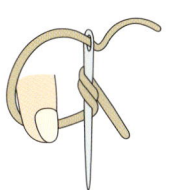 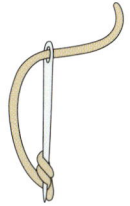

》》 플라이 스티치 《《
Fly Stitch

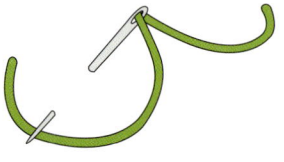

》》 휘프트 백 스티치 《《
Whipped Back Stitch

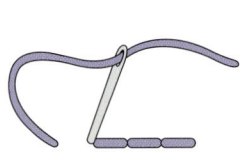
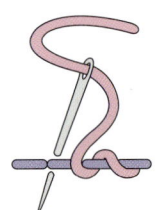

휠 스티치 스티치
Wheel Stitch

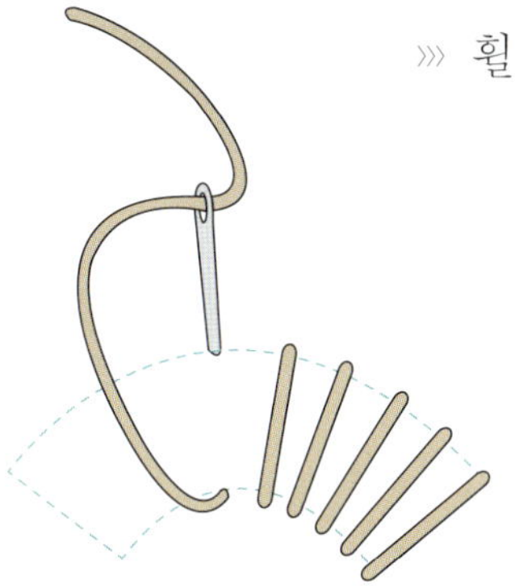

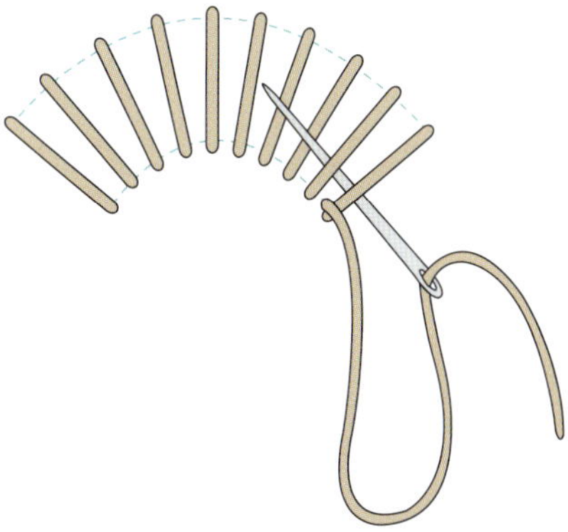

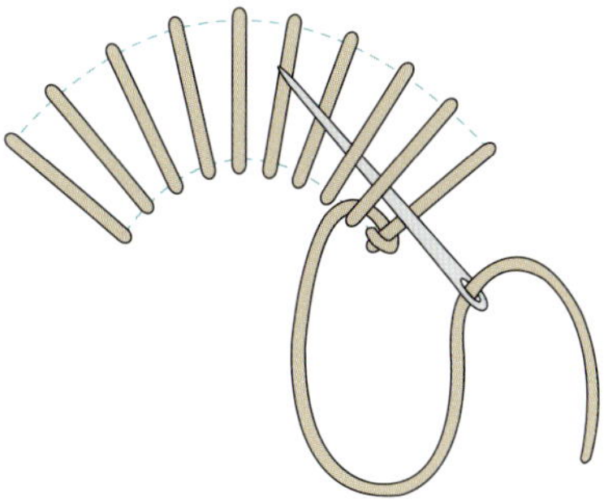

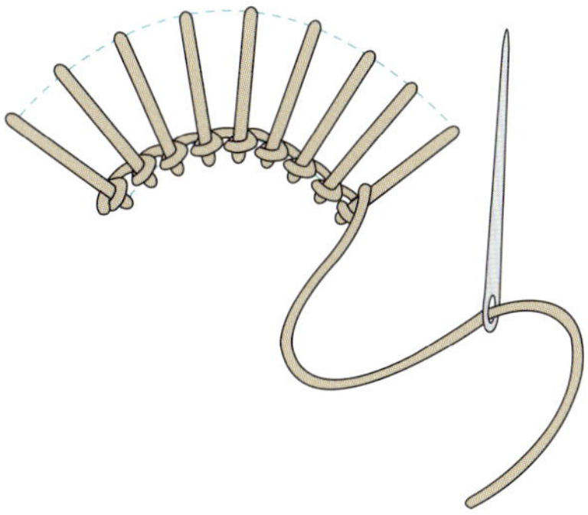

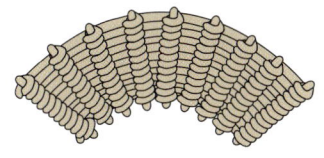

part 01

향기로운 자수

1. 동그라미 꽃 브로치
2. 소박한 꽃 손수건
3. 장미 티코스터
4. 수선화 동전지갑
5. 선인장 북커버
6. My Favorite Garden
7. 수국 머리끈
8. 나팔꽃 파우치

향기로운 자수 01

동그라미 꽃 브로치

》》 사용한 원단 《《
- 동백 : 면(빨간색)
- 노란색 줄리엣 로즈 : 광목(흰색)
- 보라색 줄리엣 로즈 : 리넨(딥퍼플)
- 달리아 : 리넨(내추럴)
- 분홍색 장미 : 면(분홍색)

》》 그 외 재료 《《
2.5cm 싸개단추, 브로치 부자재, 펠트지

》》 사용한 실 《《
따로 표기하지 않은 것은 DMC 25번사입니다.
- 이파리 : 367(DMC 8번사), 500(DMC 8번사)
- 동백 : BLANC, E3821
- 노란색 줄리엣 로즈 : 739, E3821
- 보라색 줄리엣 로즈 : 3834, E3821
- 달리아 : BLANC, E3821
- 분홍색 장미 : 152

》》 사용한 스티치 《《
- 이파리 : 레이지드 리프 스티치
- 동백 : 불리온 스티치, 카우칭 스티치, 프렌치 노트 스티치
- 노란색 줄리엣 로즈 : 루프드 블랭킷 스티치, 캐스트온 스티치, 프렌치 노트 스티치
- 보라색 줄리엣 로즈 : 불리온 스티치, 프렌치 노트 스티치
- 달리아 : 불리온 데이지 스티치, 프렌치 노트 스티치
- 분홍색 장미 : 불리온 스티치

》》》 동그라미 꽃 브로치 도안 《《《

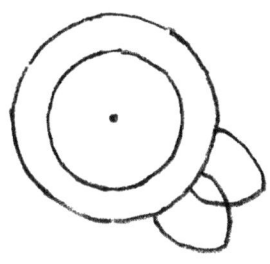 

동백

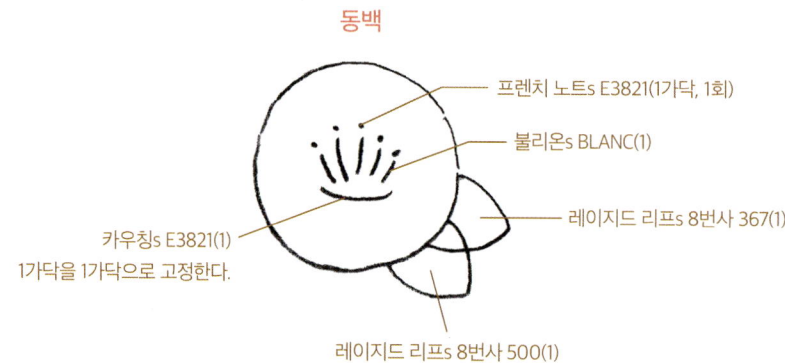

- 프렌치 노트s E3821(1가닥, 1회)
- 불리온s BLANC(1)
- 레이지드 리프s 8번사 367(1)
- 카우칭s E3821(1)
  1가닥을 1가닥으로 고정한다.
- 레이지드 리프s 8번사 500(1)

노란색 줄리엣 로즈

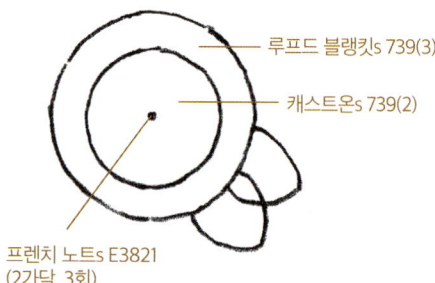

- 루프드 블랭킷s 739(3)
- 캐스트온s 739(2)
- 프렌치 노트s E3821 (2가닥, 3회)

보라색 줄리엣 로즈

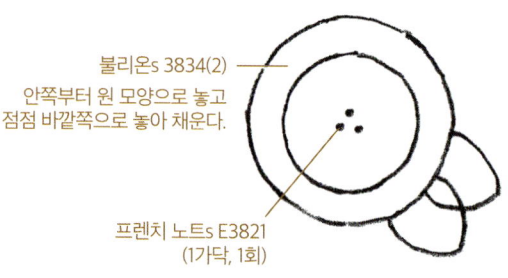

- 불리온s 3834(2)
  안쪽부터 원 모양으로 놓고 점점 바깥쪽으로 놓아 채운다.
- 프렌치 노트s E3821 (1가닥, 1회)

분홍색 장미

- 불리온s 152(2)
  안쪽부터 바깥쪽으로 수를 놓아 채운다.
  불리온 스티치를 놓고 카우칭 스티치처럼 152번 실 2가닥으로 고정하여 모양을 잡아준다.

달리아

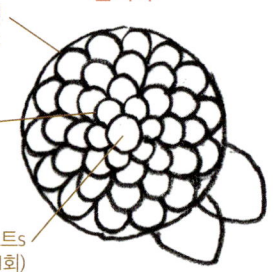

- 불리온 데이지s BLANC(2)
  스티치의 시작점과 끝점을 떨어뜨려 곡선 형태로 수를 놓는다.
- 불리온 데이지s BLANC(1)
  스티치의 시작점과 끝점을 떨어뜨려 곡선 형태로 수를 놓는다.
- 프렌치 노트s E3821(2가닥, 1회)

도안 설명은 스티치 → 실 번호 → (실의 가닥 수)로 표기했습니다.
예) 스플릿s 3032(3) : 3032번 실 3가닥으로 스플릿 스티치를 합니다.

》》 브로치 만드는 방법 《《

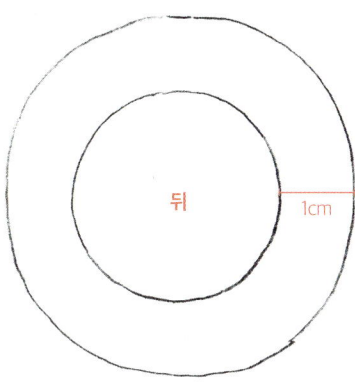

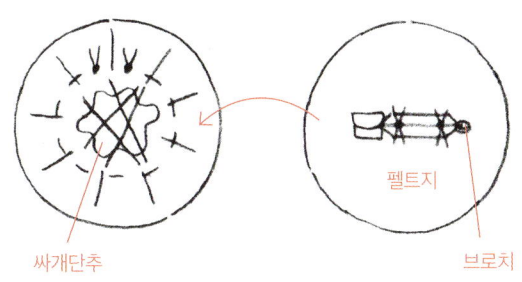

1_ 자수 경계면으로부터 1cm의 시접을 남기고 재단합니다.

2_ 원단 뒷면에 싸개단추 부자재(지름2.7cm)를 올린 후, 시접을 손바느질로 홈질하여 좁힙니다. 그리고 지그재그로 한 번 더 바느질하여 마무리합니다. 펠트지를 브로치 크기로 재단하여 브로치 부자재를 실로 고정하고, 펠트지에 본드를 발라 마무리한 싸개단추에 붙입니다.

향기로운 자수

02

소박한 꽃 손수건

》》 사용한 원단 《《
면(흰색)

》》 그 외 재료 《《
손수건

》》 사용한 실 《《
DMC 25번사 : 154, 319, 327, 522, 644, 833, 890, 987, 3042, 3072, 3865, E3821

》》 사용한 스티치 《《
레이지 데이지 스티치, 롱앤드쇼트 스티치, 백 스티치, 버튼홀 스티치, 불리온 스티치, 새틴 스티치, 스트레이트 스티치, 체인 스티치, 카우칭 스티치, 프렌치 노트 스티치

》》 소박한 꽃 손수건 도안 《《

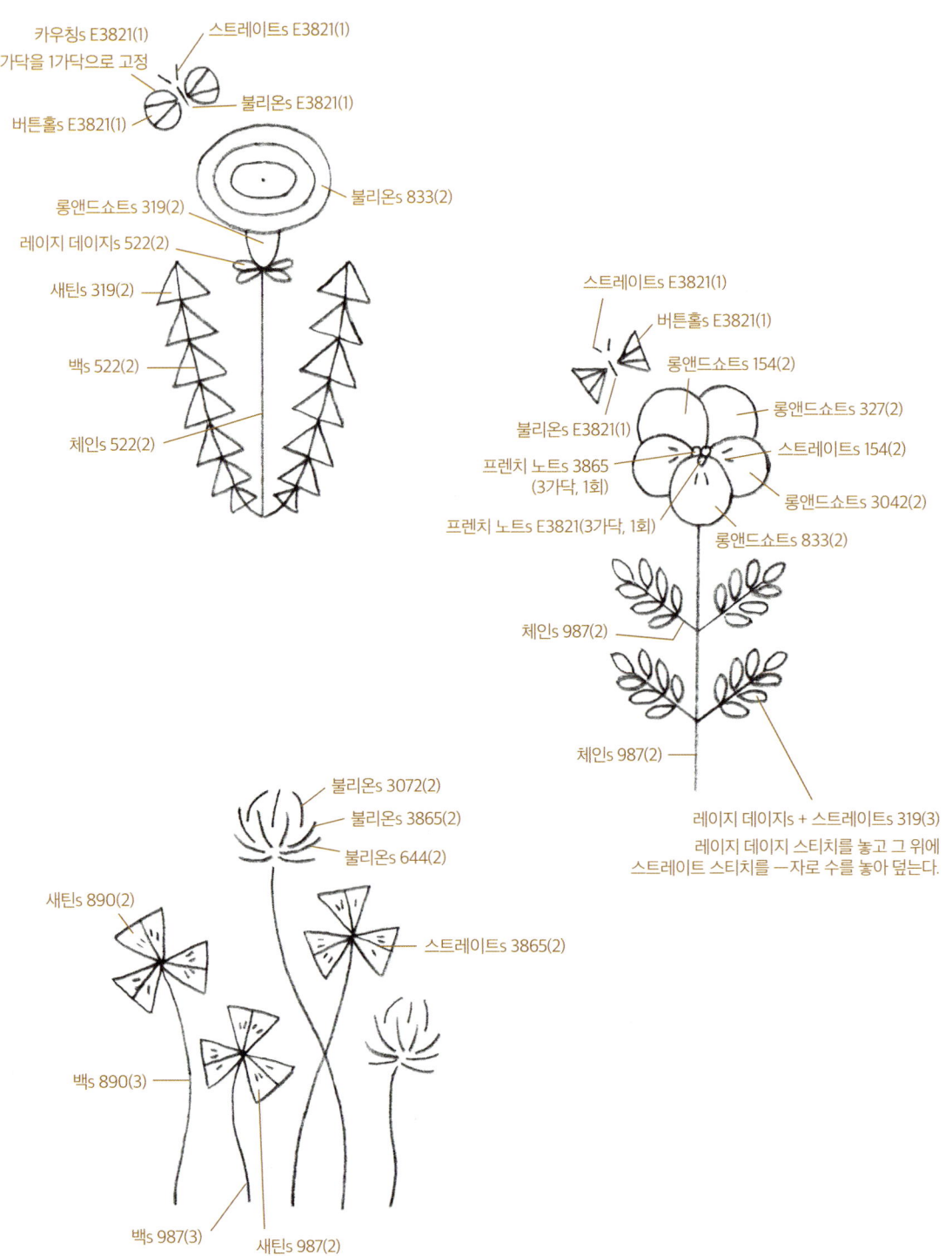

도안 설명은 스티치 → 실 번호 → (실의 가닥 수)로 표기했습니다.
예) 스플릿s 3032(3) : 3032번 실 3가닥으로 스플릿 스티치를 합니다.

향기로운 자수
03

장미 티코스터

》》 사용한 원단 《《
광목(흰색)

》》 사용한 실 《《
DMC 25번사 : 321, 781, 912, 3842, 3865

》》 사용한 스티치 《《
리프 스티치, 아웃트라인 스티치, 체인 스티치, 카우칭 스티치

⫸ 장미 티코스터 도안 ⫷
티코스터의 크기는 10.5×10.5cm입니다.

빨간색 꽃

카우칭s 3865(2)
2가닥을 1가닥으로 고정

체인s 321(2)

아우트라인s 912(2)   리프s 912(2)

감색 꽃

카우칭s 3865(2)
2가닥을 1가닥으로 고정

체인s 781(2)

아우트라인s 3842(2)   리프s 3842(2)

도안 설명은 스티치 → 실 번호 → (실의 가닥 수)로 표기했습니다.
예) 스플릿s 3032(3) : 3032번 실 3가닥으로 스플릿 스티치를 합니다.

﹥﹥﹥ 티코스터 만드는 방법 ﹤﹤﹤

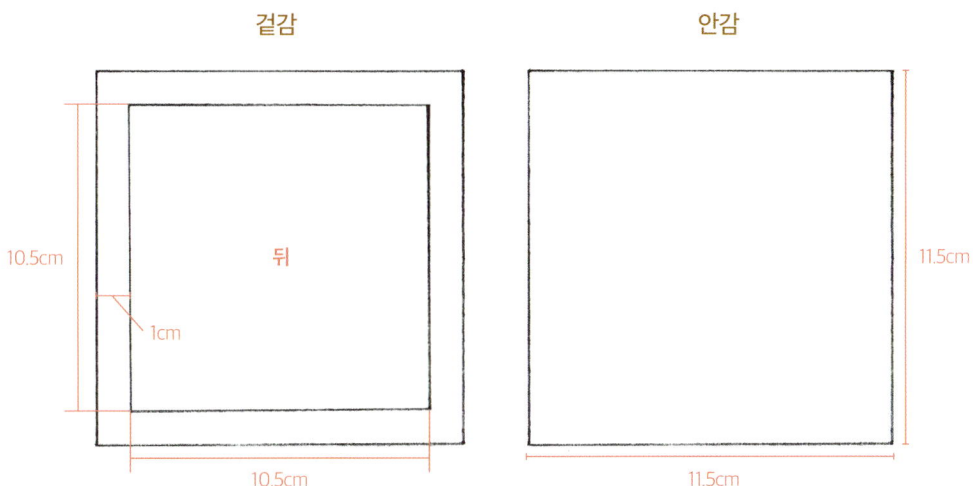

1_ 겉감에 수를 놓고, 뒷면에 10.5×10.5cm 사각형을 그린 후 시접 1cm를 남기고 재단합니다.

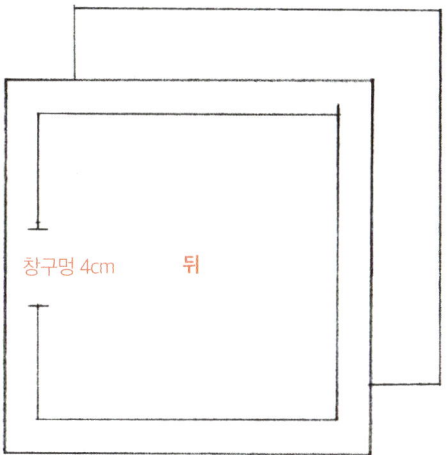

2_ 자수가 안쪽으로 오도록 겉감과 안감을 맞댄 다음 창구멍 4cm를 남기고 박음질을 합니다. 모서리에 가위집을 내고 창구멍을 통해 뒤집은 후 창구멍을 공그르기 하여 완성합니다.

향기로운 자수

04

수선화 동전지갑

》》 사용한 원단 《《
리넨(딥퍼플)

》》 그 외 재료 《《
동전지갑용 프레임(7.5cm), 흰색 테슬 액세서리

》》 사용한 실 《《
덴마크꽃실 : 0, 19, 29, 54, 100, 236

》》 사용한 스티치 《《
불리온 노트 스티치, 불리온 스티치, 새틴 스티치, 스트레이트 스티치, 아우트라인 스티치, 아우트라인 필링 스티치, 체인 스티치, 카우칭 스티치, 프렌치 노트 스티치

》》 수선화 동전지갑 도안 《《
프레임 동전지갑 만드는 방법은 025쪽을 참고해주세요.

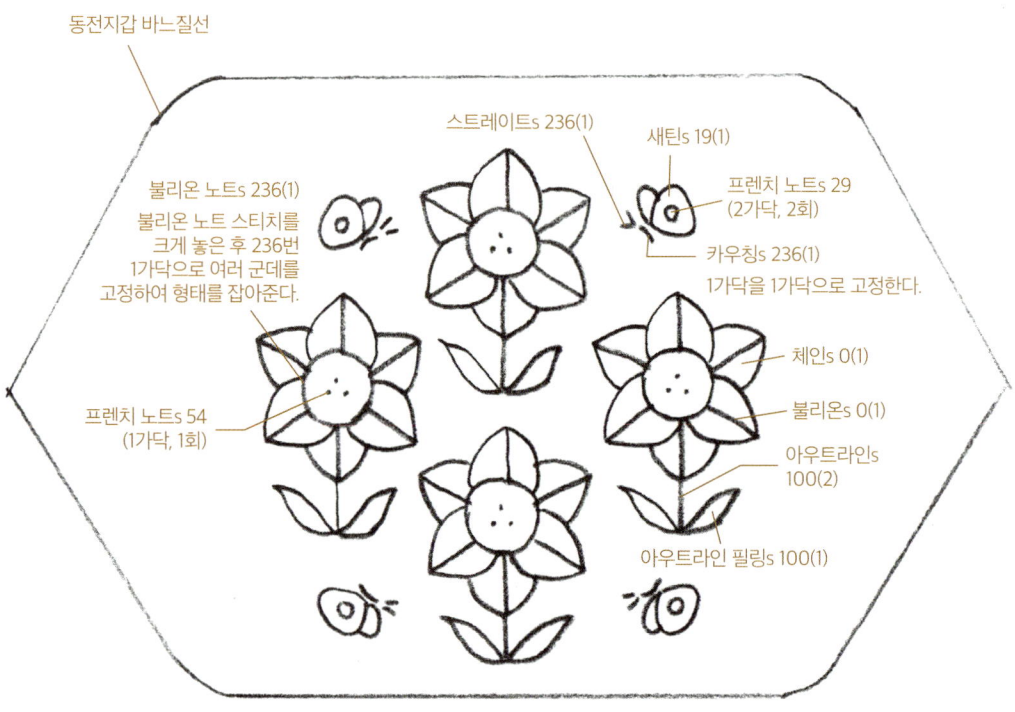

도안 설명은 스티치 → 실 번호 → (실의 가닥 수)로 표기했습니다.
예) 스플릿s 3032(3) : 3032번 실 3가닥으로 스플릿 스티치를 합니다.

향기로운 자수

05

선인장 북커버

>>> **사용한 원단** <<<

광목(흰색)

>>> **사용한 실** <<<

DMC 25번사 : 169, 471, 581, 648, 832, 895, 987, 3345, 3346, 3865, 3881, 3884, 3895

>>> **사용한 스티치** <<<

레이지 데이지 스티치, 롱앤드쇼트 스티치, 백 스티치, 스트레이트 스티치, 스플릿 스티치, 아우트라인 스티치, 프렌치 노트 스티치, 휠 스티치

》》 선인장 북커버 도안 《《
선인장 북커버 전체도안은 다음 페이지에 있어요.

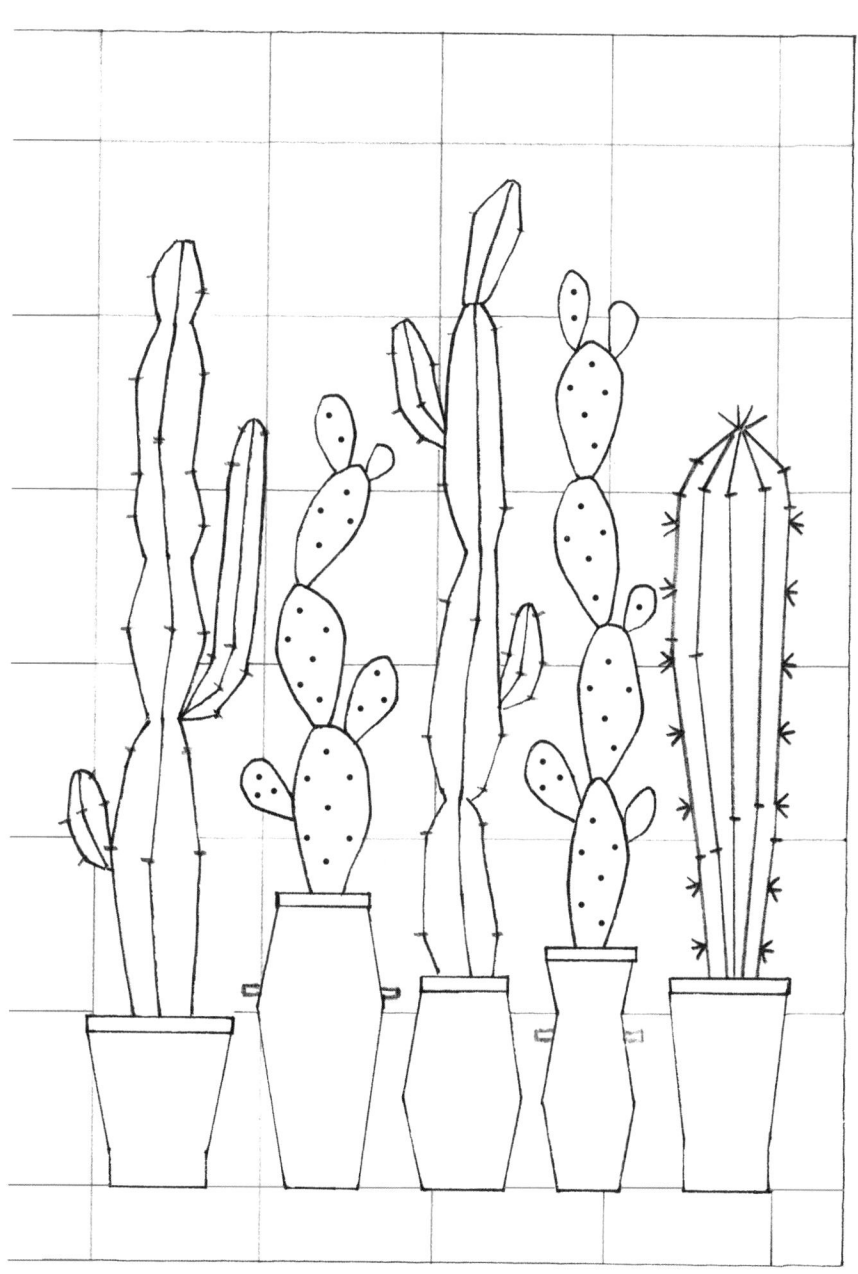

>>> 선인장 북커버 전체 도안 <<<
50% 도안입니다.
책의 북커버를 만들 때는 책의 크기에 가로와 세로를 1~1.5cm 더하여 만듭니다.
여기서 사용된 책은 10.6(가로)×10.6(세로)×1.5cm(두께)의 책으로 전체 도안의 크기는 16.3×23.9cm입니다.

<축소된 도안을 원래 크기로 확대 복사하는 법>
원래 크기(%)÷축소된 크기(%)×100
(예) 50%로 축소된 도안은 200%로 확대 복사
100(%)÷50(%)×100=200% 확대복사

도안 설명은 스티치 → 실 번호 → (실의 가닥 수)로 표기했습니다.
예) 스플릿s 3032(3) : 3032번 실 3가닥으로 스플릿 스티치를 합니다.

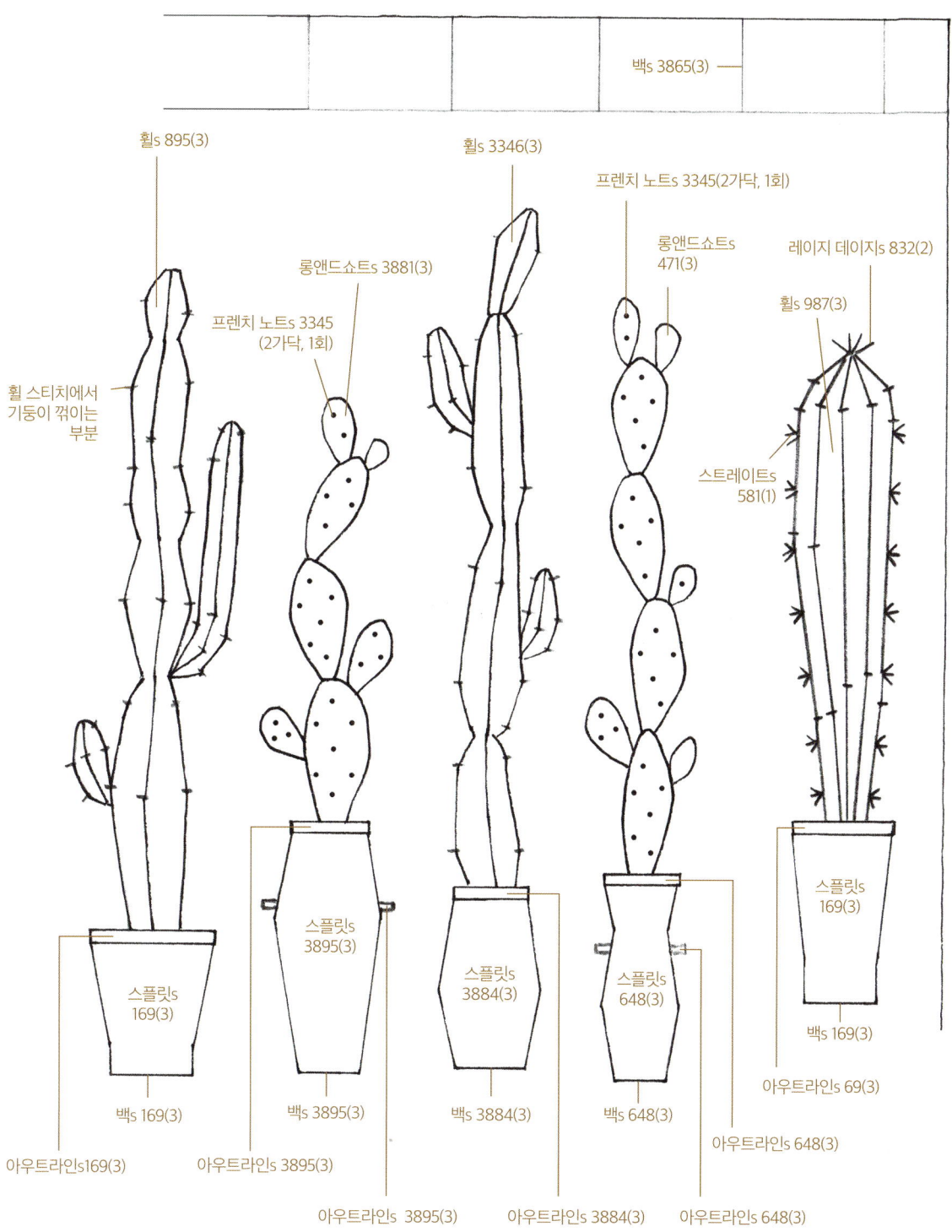

》》 곡선 부분 휠 스티치 수놓는 방법 《《

1_ 곡선 부분을 쪼개어, 임의로 꺾어지는 부분을 정해 점으로 표시합니다. 휠 스티치의 기둥을 여기에 놓을 때 꺾어지는 부분의 점에서는 점을 조금 지나쳐서 길게 놓습니다.

2_ 꺾어지는 부분의 점을 조금씩 지나쳐서 놓기 때문에, 점 부분에서 만나는 기둥은 조금씩 교차를 하게 됩니다(이 교차되는 부분이 너무 크지도 작지도 않게 해야 합니다. 클 경우 모양이 예쁘게 나오지 않고, 작을 경우 휠 스티치를 놓을 때 바늘이 통과하기 어렵습니다).

3_ 다른 곡선 부분들도 앞의 과정대로 기둥을 놓습니다.

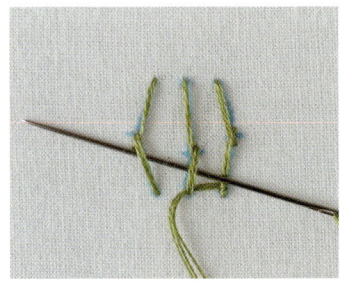

4_ 세워 놓은 기둥을 기준으로 휠 스티치를 놓습니다.

5_ 휠 스티치는 촘촘하고 빡빡하게 놓아야 모양이 잘 나오며, 특히 교차되는 기둥 부분에서는 신경을 써서 촘촘하게 놓습니다.

6_ 완성.

》》 북커버 만드는 방법 《《

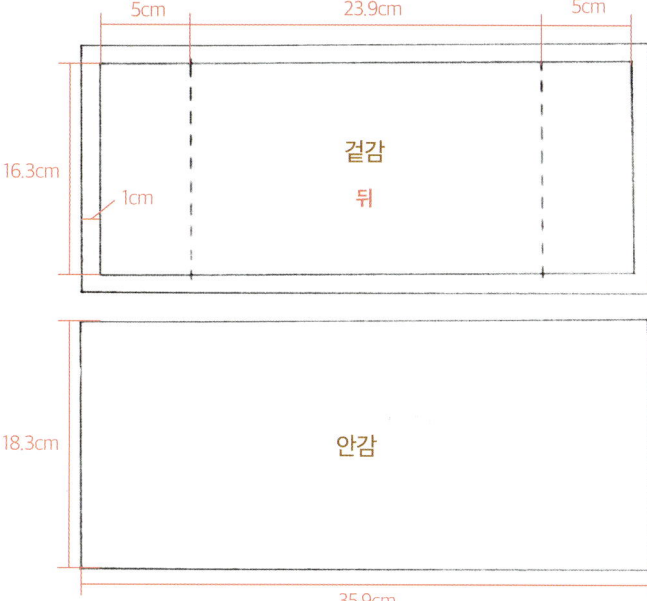

1_ 겉감에 수를 놓고, 뒷면에 그림과 같이 그린 후 시접 1cm를 남기고 재단합니다.

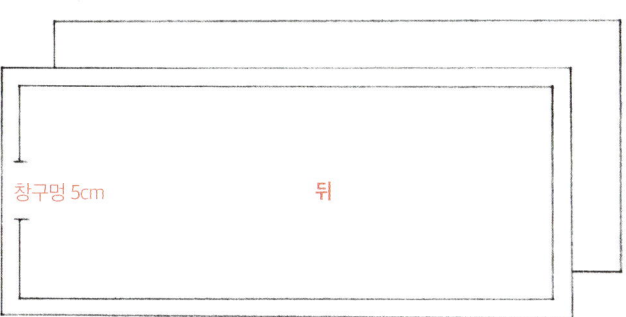

2_ 자수가 안쪽으로 오도록 겉감과 안감을 맞댄 다음 창구멍 5cm를 남기고 박음질합니다. 모서리에 가위집을 내고 창구멍을 통해 뒤집은 후 창구멍을 공그르기 합니다.

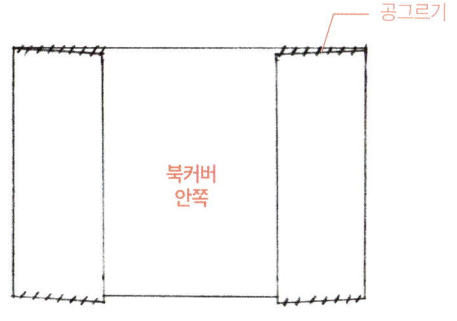

3_ 가로 방향에서 양끝을 북커버 안쪽으로 5cm씩 접어서 그림처럼 공그르기 하여 북커버를 완성합니다.

향기로운 자수 06

My Favorite Garden

》》 사용한 원단 《《
- 꽃 액자 : 리넨(페일레몬색)
- 나비 브로치 : 광목(흰색)

》》 그 외 재료 《《
- 꽃 액자 : 내경 12.5cm 수틀(액자), 부직포(액자 뒷마감)
- 나비 브로치 : 부직포, 입체 자수용 철사, 목공용 본드, 브로치 부자재

》》 사용한 실 《《
- 꽃 액자

DMC 25번사 : 154, 368, 561, 580, 644, 832, 834, 890, 935, 986, 988, 3042, 3072, 3346, 3364, 3743, 3781, 3835, 3862, 3863, 3865, ECRU

애플톤 울실 크루엘 : 103, 991B

- 나비 브로치

DMC 25번사 : 524(옅은 풀색 나비), 613(베이지색 나비)

》》 사용한 스티치 《《
- 꽃 액자 : 롱앤드쇼트 스티치, 불리온 스티치, 새틴 스티치, 스트레이트 스티치, 아우트라인 스티치, 아우트라인 필링 스티치, 터키 노트 스티치, 프렌치 노트 스티치
- 나비 브로치 : 레이지 데이지 스티치, 불리온 스티치, 새틴 스티치

>>> My Favorite Garden 도안 <<<

브로치 만드는 방법은 023쪽을 참고해주세요.
나비더듬이 만드는 방법은 201쪽(체리꼭지 만들기)을 참고해주세요.

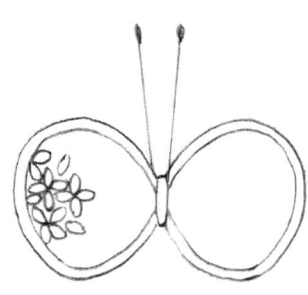

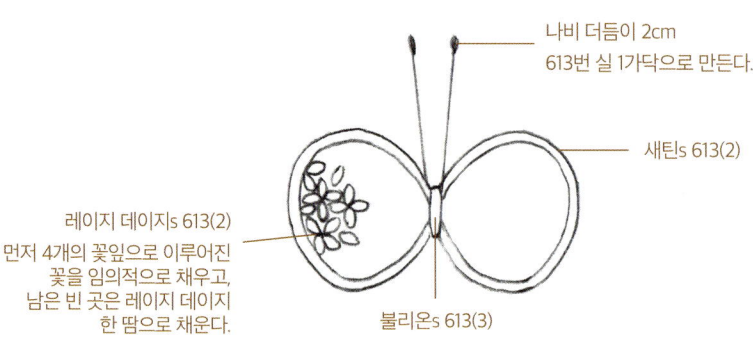

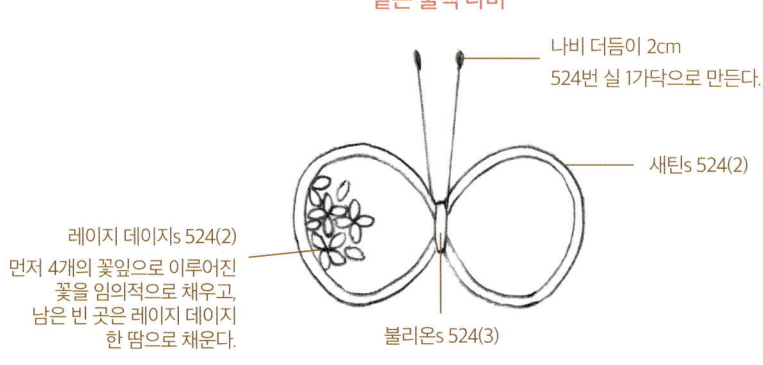

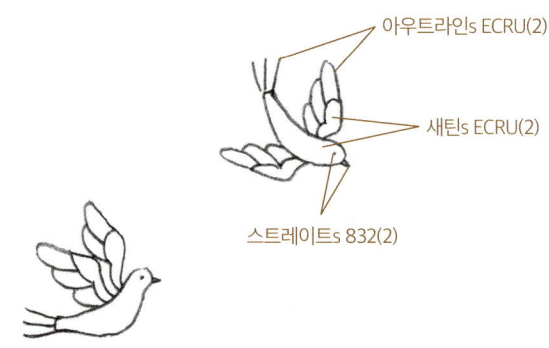

도안 설명은 스티치 → 실 번호 → (실의 가닥 수)로 표기했습니다.
예) 스플릿 3032(3) : 3032번 실 3가닥으로 스플릿 스티치를 합니다.

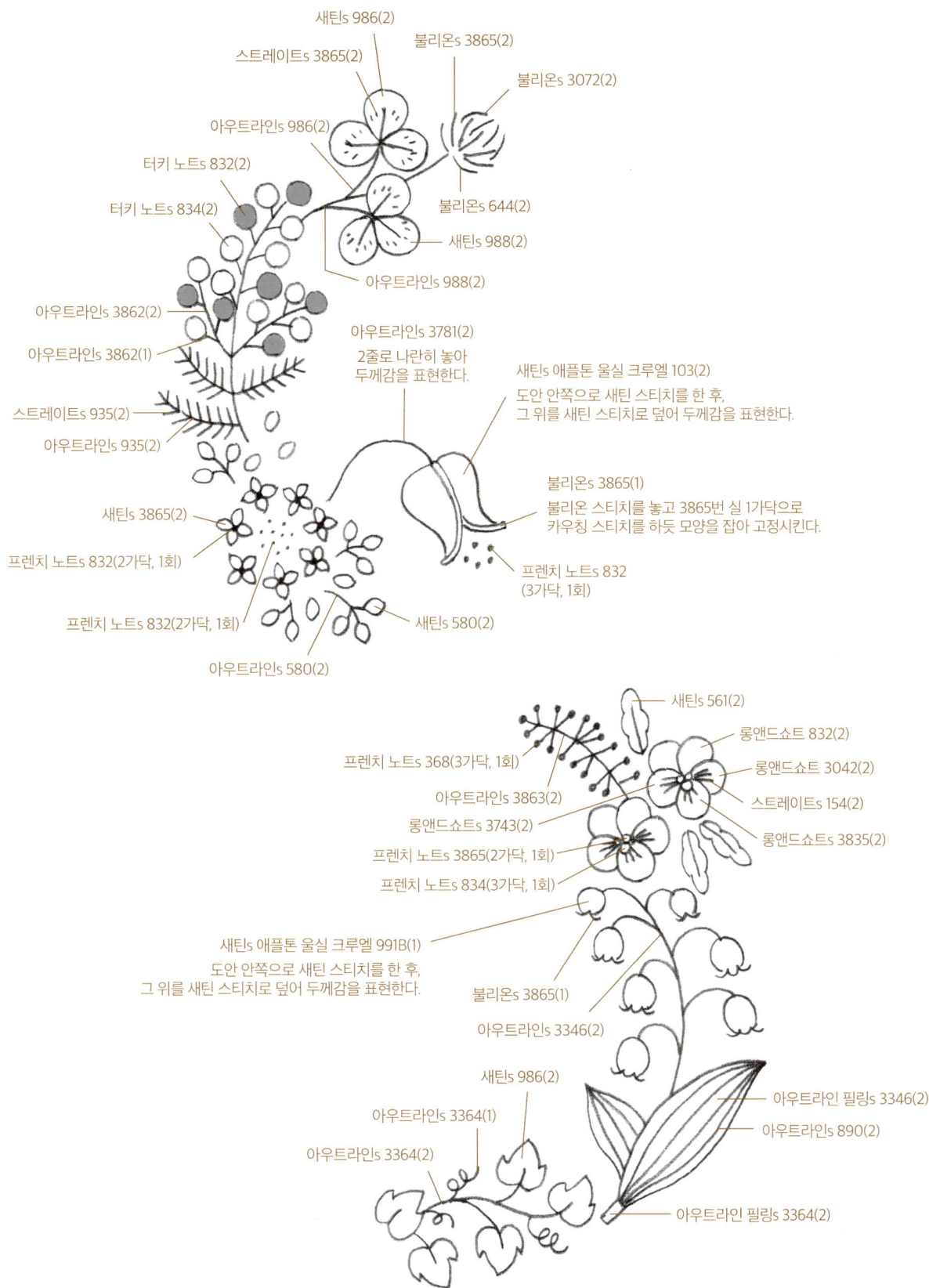

향기로운 자수 **07**

수국 머리끈

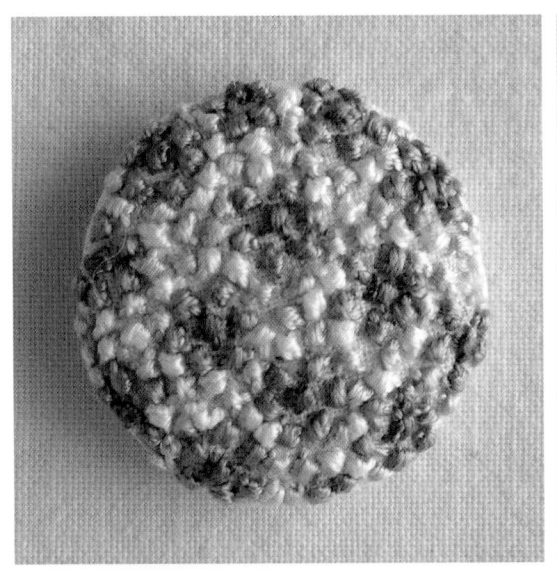

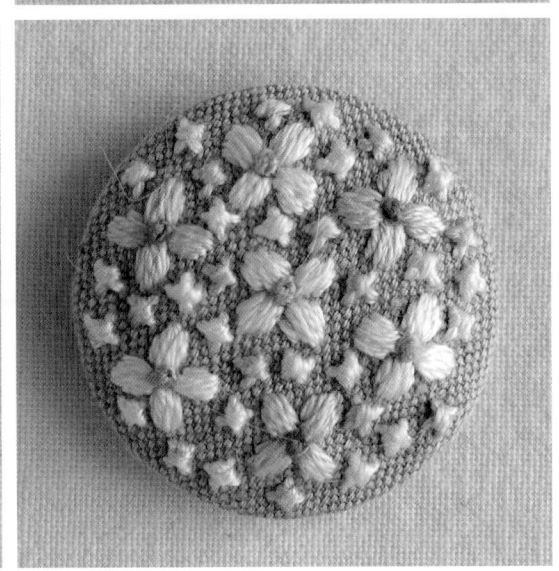

》 사용한 원단 《

광목(흰색), 리넨(하늘색)

》 그 외 재료 《

싸개단추 부자재(지름 2.7cm), 머리끈 부자재

》 사용한 실 《

DMC 25번사 : 931, 932, 3753, B5200

》 사용한 스티치 《

새틴 스티치, 스트레이트 스티치, 아우트라인 스티치, 포레 그드 노트 스티치, 프렌치 노트 스티치, 플라이 스티치

»»» 수국 머리끈 도안 «««

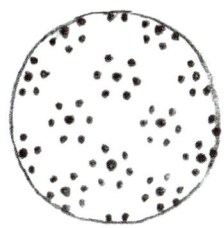
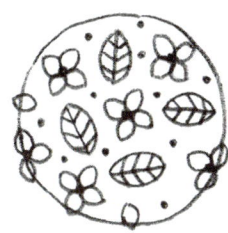
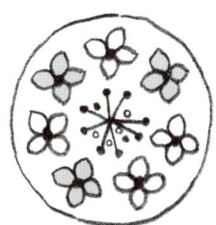
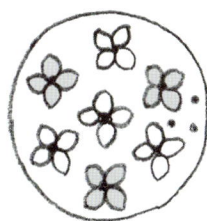

»»» 머리끈 만드는 방법 «««

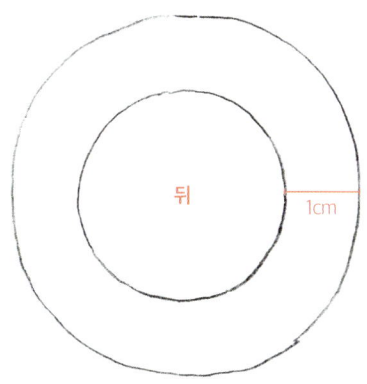

1_ 자수 경계면으로부터 1cm의 시접을 남기고 재단합니다.

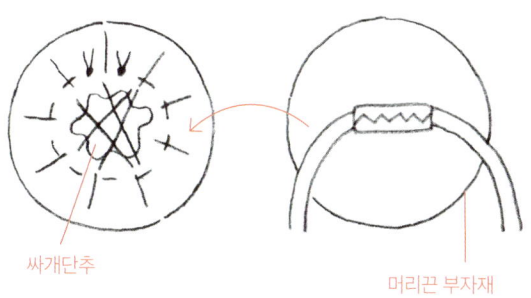

싸개단추   머리끈 부자재

2_ 원단 뒷면에 싸개단추 부자재(지름2.7cm)를 올린 후, 시접을 손바느질로 홈질하여 좁힌 다음 지그재그로 한 번 더 바느질하여 마무리합니다. 머리끈 부자재에 본드를 발라 마무리한 싸개단추에 붙입니다.

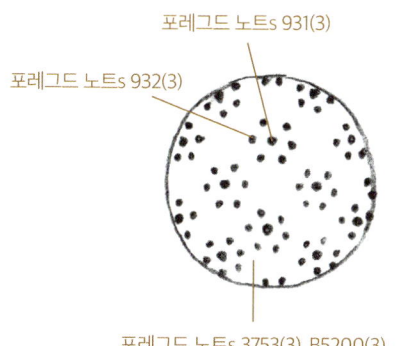
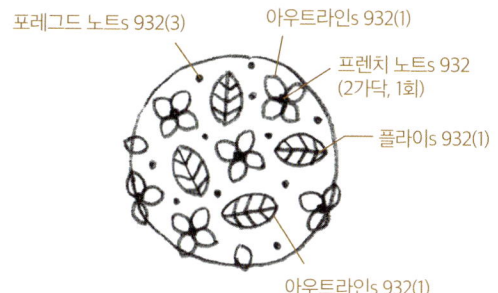
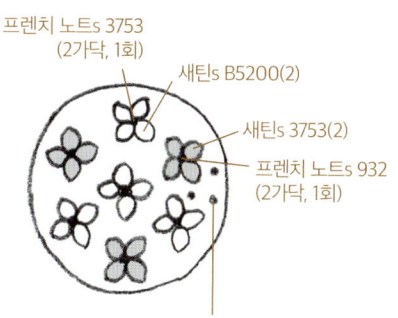

도안 설명은 스티치 → 실 번호 → (실의 가닥 수)로 표기했습니다.
예) 스플릿s 3032(3) : 3032번 실 3가닥으로 스플릿 스티치를 합니다.

향기로운 자수

08 나팔꽃 파우치

》》 **사용한 원단** 《《
광목(흰색)

》》 **그 외 재료** 《《
가죽끈

》》 **사용한 실** 《《
덴마크꽃실 : 0, 5, 99, 100, 101, 223, 225, 233, 236

》》 **사용한 스티치** 《《
레이지 데이지 스티치, 백 스티치, 불리온 스티치, 새틴 스티치, 체인 스티치, 프렌치 노트 스티치

》》 나팔꽃 파우치 도안 《《

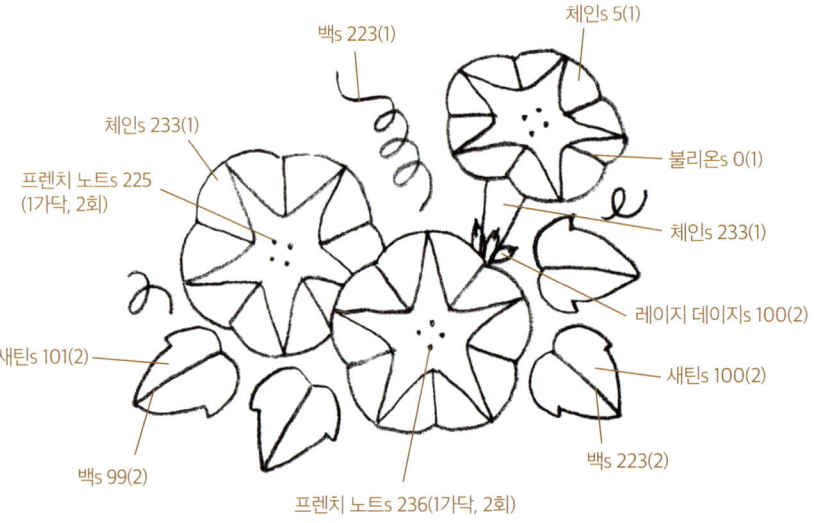

도안 설명은 스티치 → 실 번호 → (실의 가닥 수)로 표기했습니다.
예) 스플릿s 3032(3) : 3032번 실 3가닥으로 스플릿 스티치를 합니다.

》》》 나팔꽃 파우치 만드는 방법 《《《

1_ 원단에 수를 놓고, 뒷면에 그림과 같이 그린 후 시접 1.5cm를 남기고 재단합니다.

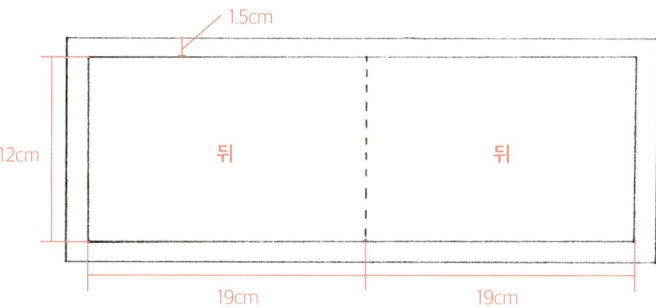

2_ 뒷면이 보이도록 한 후 안쪽으로 5mm씩 두 번을 접어서 박음질합니다.

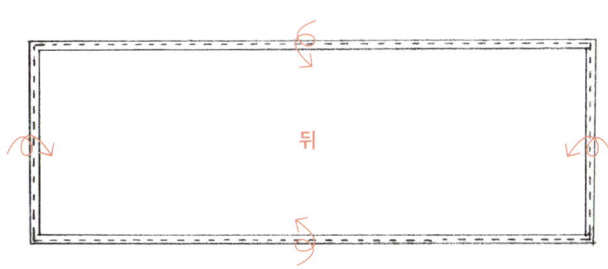

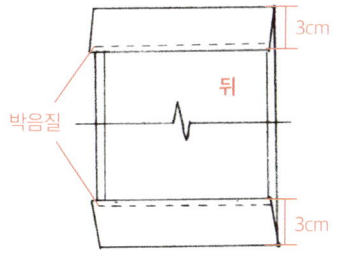

3_ 파우치의 끈을 넣을 부분을 접어서 박음질합니다.

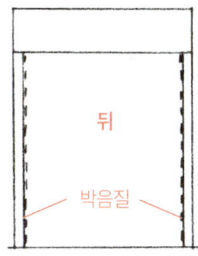

4_ 그림처럼 접은 후 양쪽을 박음질합니다.

5_ 뒤집어서 끈을 교차하여 넣고 매듭을 지어 완성합니다.

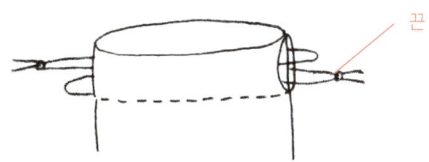

Part 02 귀여운 자수

1. 작은 숲 우표 파우치
2. 토끼와 당근 턱받이
3. 고슴도치 니들케이스 & 핀쿠션
4. 참새 동전지갑
5. 고양이 브로치

귀여운 자수 **01**

작은 숲 우표 파우치

》》 사용한 원단 《《

면(초록색)

안감 : 광목(흰색)

》》 그 외 재료 《《

지퍼, 폼폼이(초록색, 흰색), 면테이프(두께 1cm)

》》 사용한 실 《《

DMC 25번사 : 320, 369, 470, 699, 704, 822, 833, 890, 898, 905, 930, 3046, 3371, 3752, 3862, 3863, 3864, 3865

》》 사용한 스티치 《《

레이지 데이지 스티치, 불리온 노트 스티치, 불리온 스티치, 새틴 스티치, 스트레이트 스티치, 스플릿 스티치, 아우트라인 스티치, 아우트라인 필링 스티치, 카우칭 스티치, 프렌치 노트 스티치, 플라이 스티치

⟫ 작은 숲 우표 파우치 도안 ⟪
우표 파우치 테두리 부분 아플리케는 021~022쪽을 참고해주세요.

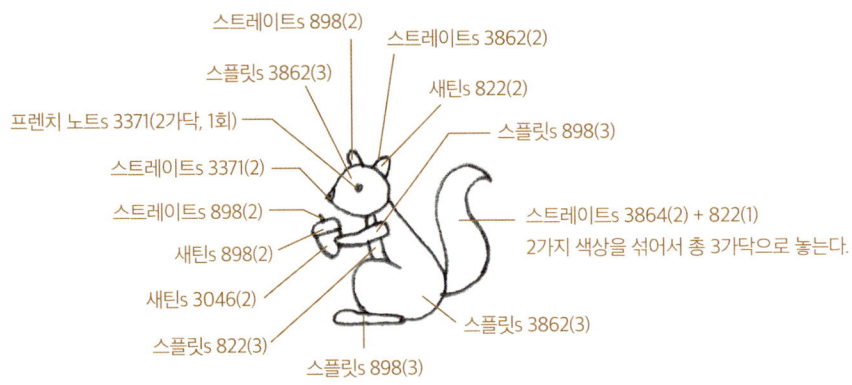

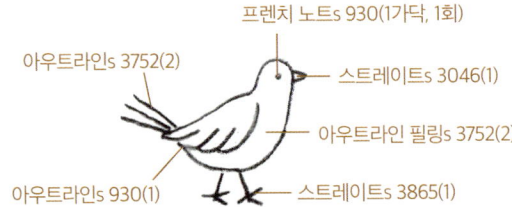

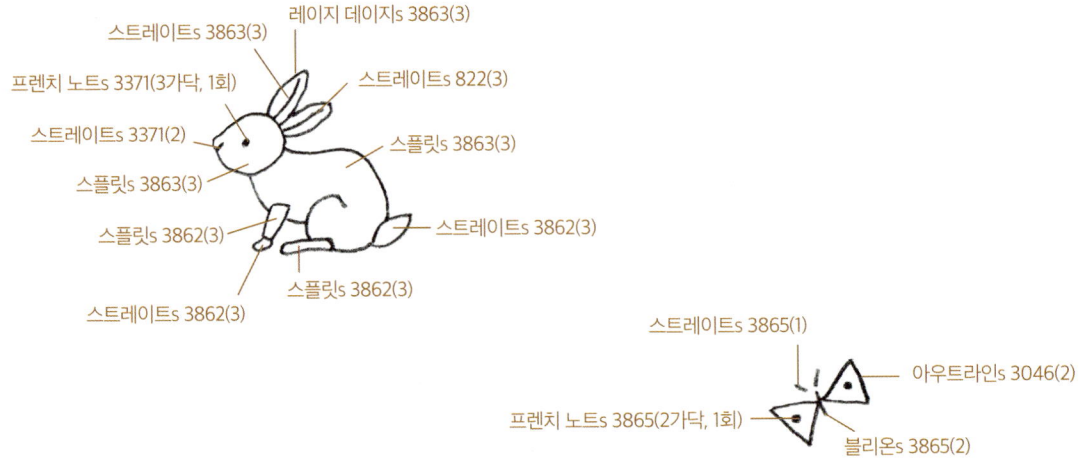

도안 설명은 스티치 → 실 번호 → (실의 가닥 수)로 표기했습니다.
예) 스플릿s 3032(3) : 3032번 실 3가닥으로 스플릿 스티치를 합니다.

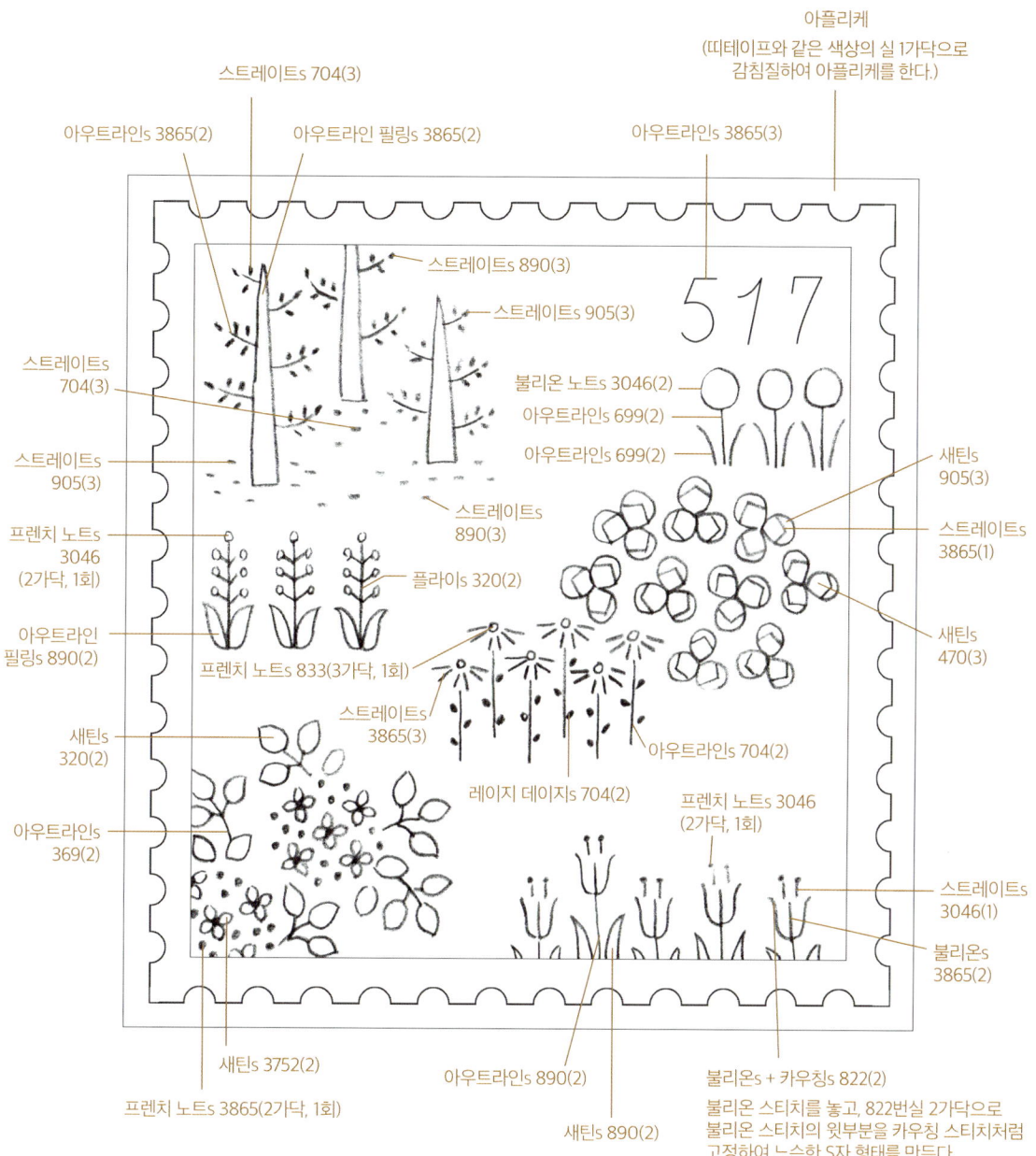

⫸ 작은 숲 우표 파우치 만드는 방법 ⫷

1_ 겉감에 수를 놓고, 뒷면에 그림과 같이 그린 후 시접 1cm를 남기고 재단합니다. 안감도 겉감과 같은 크기로 그리고 재단합니다.

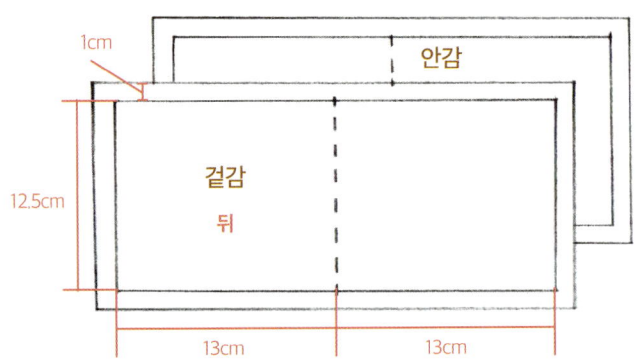

2_ 겉감의 지퍼가 연결되는 쪽에서 시접 1cm를 안쪽으로 접은 후, 지퍼에 올려서 박음질합니다. 반대쪽도 같은 방식으로 바느질하여 지퍼를 연결합니다.

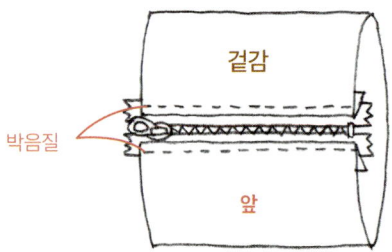

3_ 겉감 뒷면의 양 옆선을 박음질합니다.

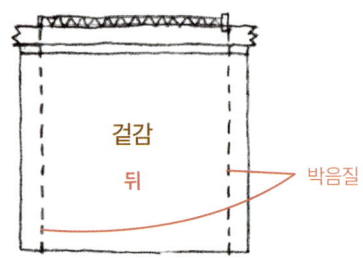

4_ 안감 뒷면의 양 옆선을 박음질한 후 뒤집어서, 입구 부분의 시접을 1cm 접고 그림처럼 준비합니다.

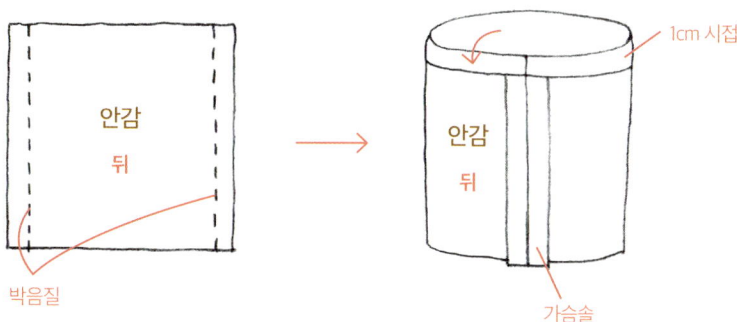

5_ 완성된 겉감에 안감을 넣고 공그르기 하여 연결합니다.

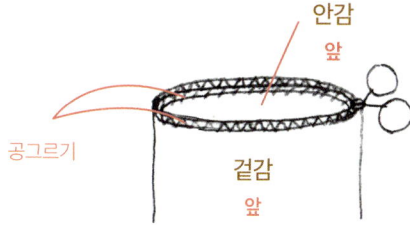

귀여운 자수 **02**

토끼와 당근 턱받이

》》 사용한 원단 《《
광목(흰색)

》》 그 외 재료 《《
2.5cm 벨크로 1쌍

》》 사용한 실 《《
DMC 25번사 : 300, 543, 739, 890, 905, 919, 921, 3371, 3862, 3863, 3865, ECRU

》》 사용한 스티치 《《
레이지 데이지 스티치, 새틴 스티치, 스트레이트 스티치, 스플릿 스티치, 아우트라인 스티치, 프렌치 노트 스티치

》》》 토끼와 당근 도안 《《《

≫ 토끼와 당근 턱받이 전체 도안 ≪
50% 도안입니다.

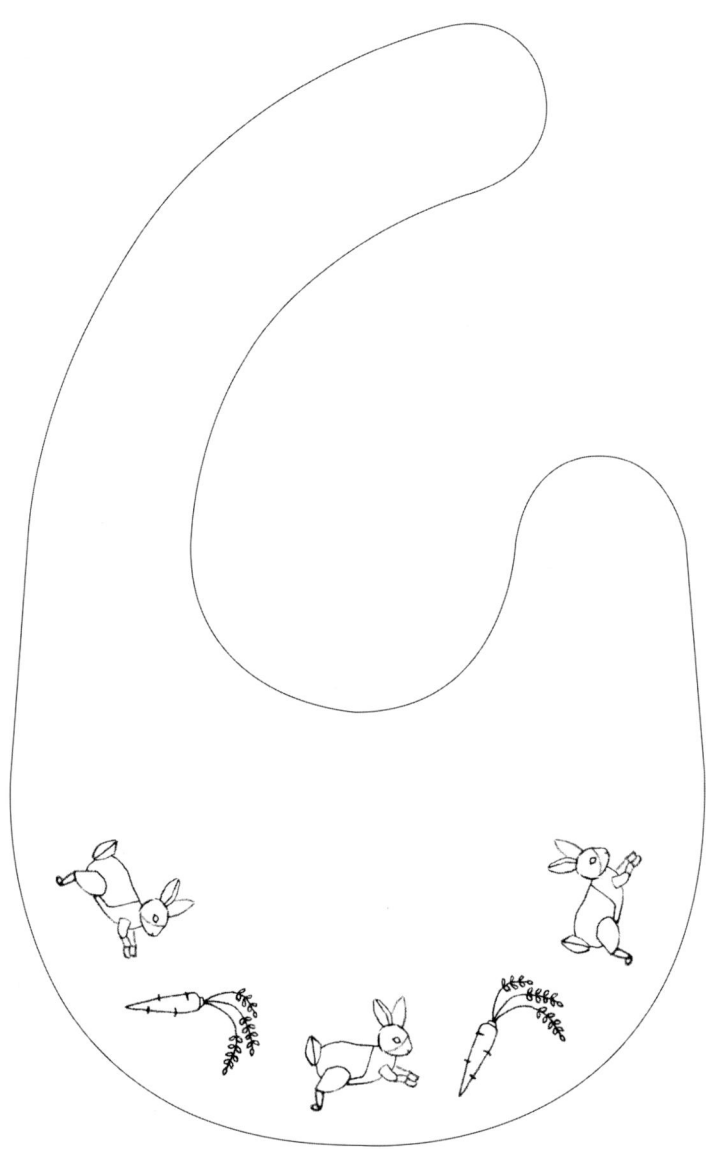

<축소된 도안을 원래 크기로 확대 복사하는 법>
원래 크기(%)÷축소된 크기(%)×100
(예) 50%로 축소된 도안은 200%로 확대 복사
100(%)÷50(%)×100=200% 확대복사

도안 설명은 스티치 → 실 번호 → (실의 가닥 수)로 표기했습니다.
예) 스플릿s 3032(3) : 3032번 실 3가닥으로 스플릿 스티치를 합니다.

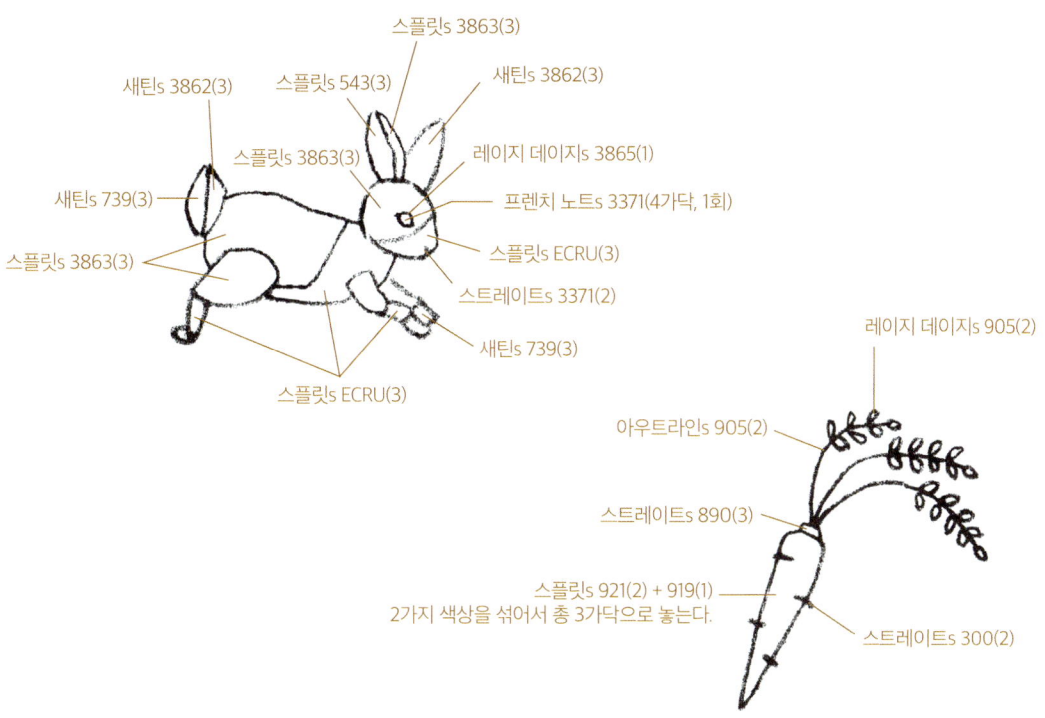

>>> 턱받이 만드는 방법 <<<

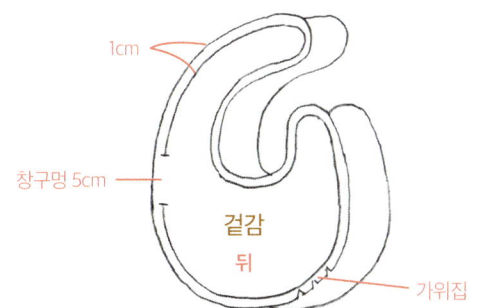

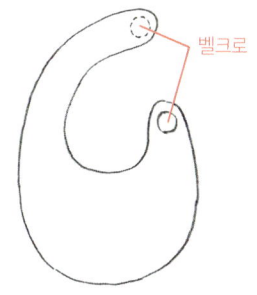

1_ 겉감에 수를 놓고 뒷면에 패턴을 옮긴 후, 시접 1cm를 남기고 재단합니다.
안감을 똑같이 재단한 다음, 자수가 안쪽으로 오도록 한 후 창구멍 5cm를 남기고 박음질합니다.
모든 시접에 가위집을 내고 창구멍을 통해 뒤집어줍니다. 창구멍은 공그르기로 막습니다.

2_ 벨크로를 붙여 완성합니다.

귀여운 자수

03

고슴도치 니들케이스 & 핀쿠션

》》 사용한 원단 《《
광목(흰색), 리넨(내추럴)

》》 그 외 재료 《《
· 니들케이스 : 펠트지, 벨벳 리본(갈색)
· 핀 쿠션 : 핀 쿠션용 나무받침대

》》 사용한 실 《《
DMC 25번사
· 니들케이스 : 347, 611, 839, 840, 869, 919, 3033, 3371, 3863, 3864, 3865, 3866
· 핀쿠션 : 611, 839, 987, 3033, 3371, 3863

》》 사용한 스티치 《《
· 니들케이스 : 레이지 데이지 스티치, 롱앤드쇼트 스티치, 백 스티치, 버튼홀 스티치, 불리온 데이지 스티치, 새틴 스티치, 스트레이트 스티치, 스플릿 스티치, 아우트라인 스티치, 카우칭 스티치, 터키 노트 스티치, 프렌치 노트 스티치
· 핀쿠션 : 레이지 데이지 스티치, 불리온 데이지 스티치, 새틴 스티치, 스트레이트 스티치, 아우트라인 스티치, 프렌치 노트 스티치, 터키 노트 스티치

》》》 고슴도치 니들케이스 & 핀쿠션 도안 《《《

고슴도치 니들케이스

핀쿠션

프렌치 노트 스티치는 따로 표기가 없는 것은 '1회 감기'입니다.
터키 노트 스티치는 도안선을 따라 둘러 놓고, 동심원을 그리듯 안쪽으로 점점 채워 놓습니다.

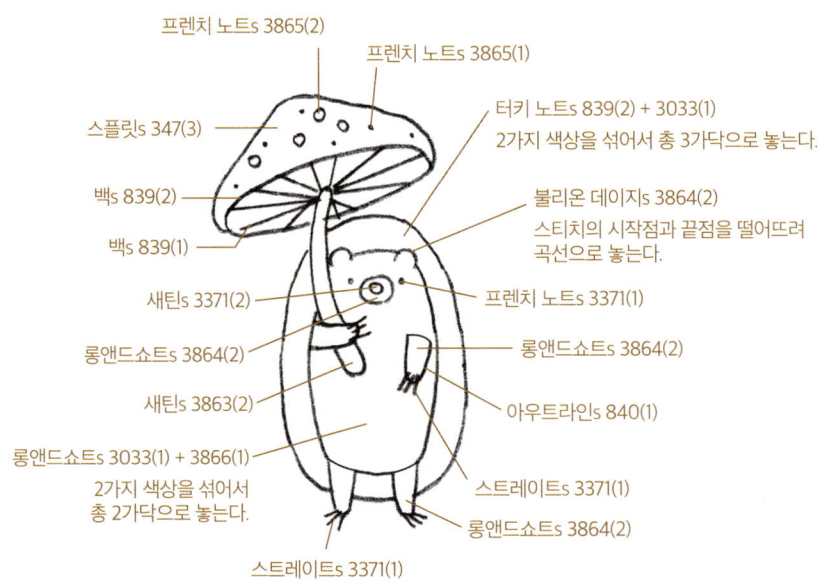

도안 설명은 스티치 → 실 번호 → (실의 가닥 수)로 표기했습니다.
예) 스플릿s 3032(3) : 3032번 실 3가닥으로 스플릿 스티치를 합니다.

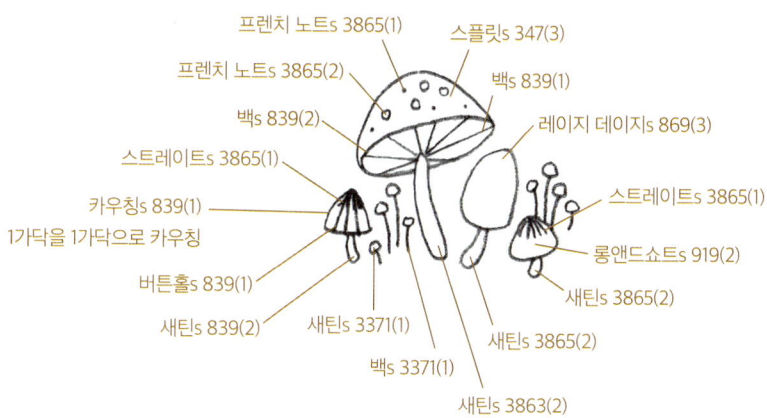

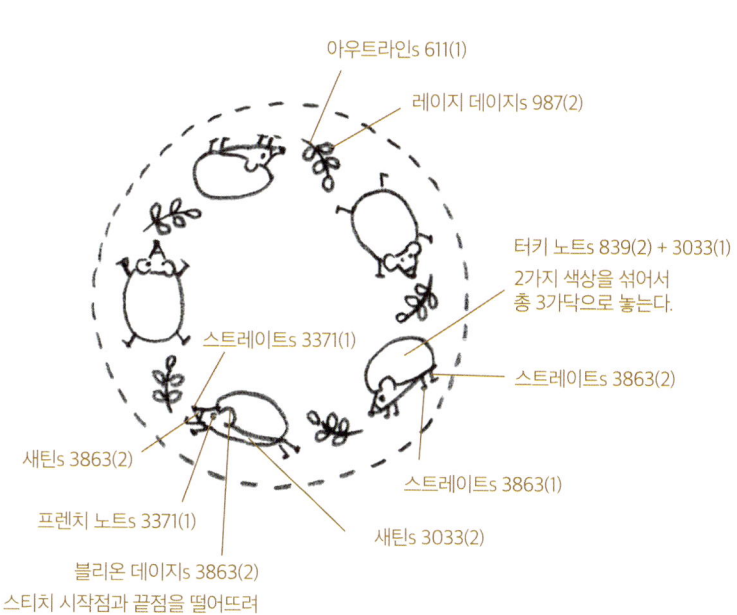

》》》 니들케이스 만드는 방법 《《《

1_ 원단에 단면 접착심지를 붙이고 자수를 놓은 뒤, 뒷면에 그림과 같이 그린 다음 시접 1cm를 남기고 재단합니다. 그리고 모서리는 그림처럼 잘라서 접습니다.

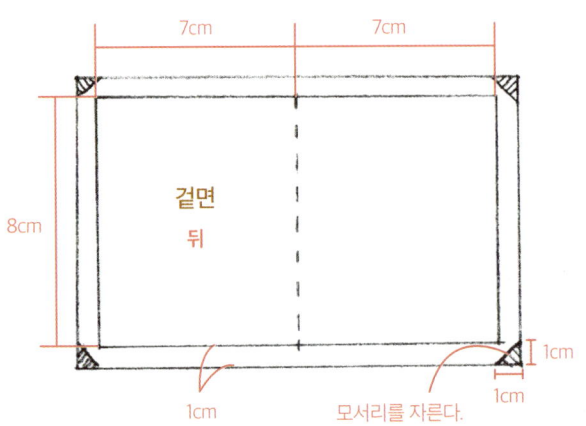
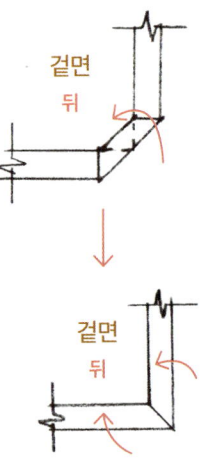

2_ 14×8cm로 재단한 펠트지 2장을 겹쳐서 접음선을 박음질합니다.

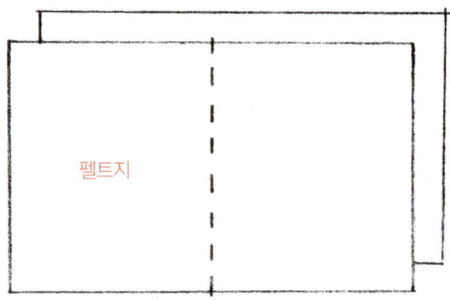

3_ 자수를 놓은 천 안쪽에 펠트지 아래쪽 1장을 올린 다음 감침질하여 고정합니다. 이때 끈도 함께 끼워서 바느질합니다.

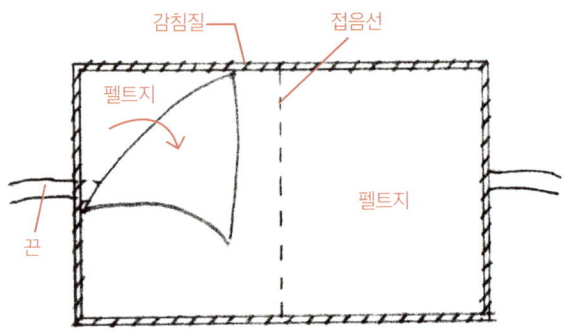

»»» 핀쿠션 만드는 방법 «««

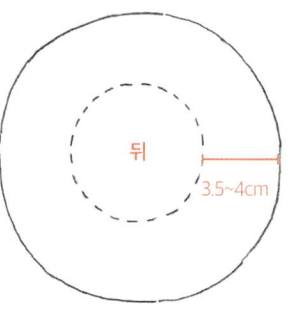

1_ 자수를 놓은 후, 시접 3.5~4cm를 남기고 재단합니다. 시접을 홈질로 조여서 바구니 모양을 만든 다음 방울 솜을 채웁니다.

2_ 모양이 잡히면 홈질을 더 조인 후, 그림처럼 지그재그로 바느질하여 마무리합니다. 마무리한 핀쿠션에 본드를 발라 핀쿠션 받침대에 붙여 완성합니다.

귀여운 자수

04 참새 동전지갑

》》 사용한 원단 《《
리넨(하늘색)
안감 : 광목(흰색)

》》 그 외 재료 《《
동전지갑용 프레임 (7.5cm), 파란색 테슬 액세서리

》》 사용한 실 《《
· DMC 25번사 : 310, 645, 3371, 3862, 3865
· 애플톤 울실 크루엘 : 567, 916, 952, 981, 991B

》》 사용한 스티치 《《
레이지 데이지스티치, 새틴 스티치, 스트레이트 스티치, 체인 스티치, 터키 노트 스티치, 플라이 스티치

》》》 참새 동전지갑 도안 《《《
프레임 동전지갑 만드는 방법은 025쪽을 참고해주세요.

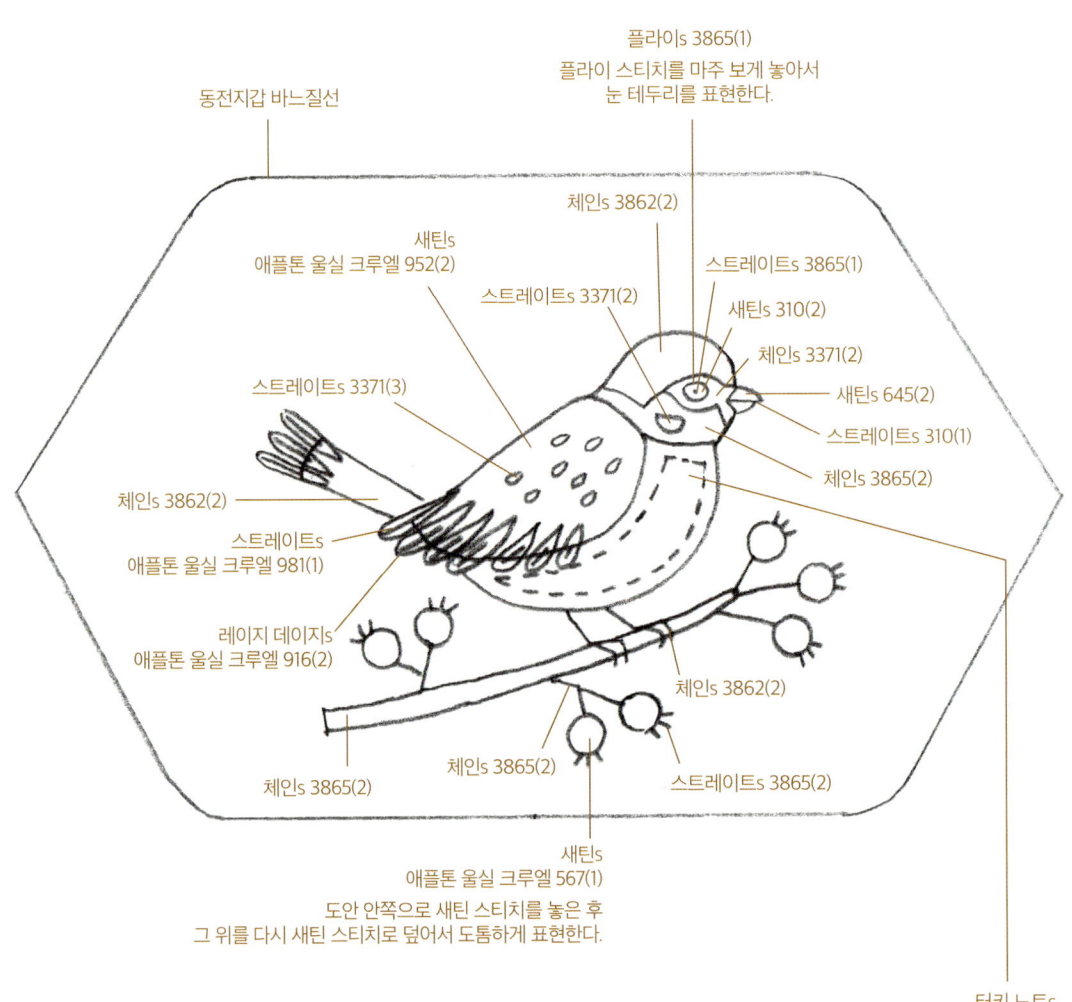

도안 설명은 스티치 → 실 번호 → (실의 가닥 수)로 표기했습니다.
예) 스플릿s 3032(3) : 3032번 실 3가닥으로 스플릿 스티치를 합니다.

귀여운 자수
05

고양이 브로치

》》 사용한 원단 《《
광목(흰색)

》》 그 외 재료 《《
펠트지, 브로치 부자재

》》 사용한 실 《《

· 턱시도 고양이
  DMC 25번사 : 224, 310, 407, 3821, 3865,
  E321 / 수염 E310
  애플톤 울실 크루엘 : 991B

· 샴 고양이
  DMC 25번사 : 310, 349, 543, 898, 3325,
  3862, 3864, 3865, E3852 / 수염 E310
  애플톤 울실 크루엘 : 913

· 흰색 고양이
  DMC 25번사 : 224, 349, 407, 3865 / 수염
  E898
  애플톤 울실 크루엘 : 991B

· 삼색 고양이
  DMC 25번사 : 224, 310, 407, 680, 796,
  3865, E3821 / 수염 E310
  애플톤 울실 크루엘 : 694, 991B

· 러시안블루 고양이
  DMC 25번사 : 224, 310, 535, 3325, 3865,
  E316 / 수염 E310
  애플톤 울실 크루엘 : 965

》》 사용한 스티치 《《
롱앤드쇼트 스티치, 새틴 스티치, 스트레이트 스티치, 아우트라인 스티치, 아우트라인 필링 스티치, 체인 스티치, 플라이 스티치

》》》 고양이 브로치 도안 《《《
브로치 만드는 방법은 023쪽을 참고해주세요.

턱시도 고양이

샴 고양이

러시안블루 고양이

흰색 고양이

삼색 고양이

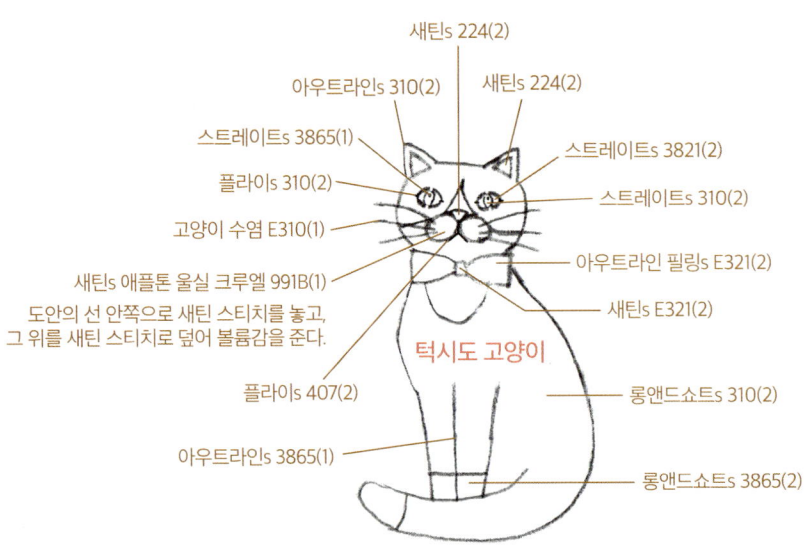

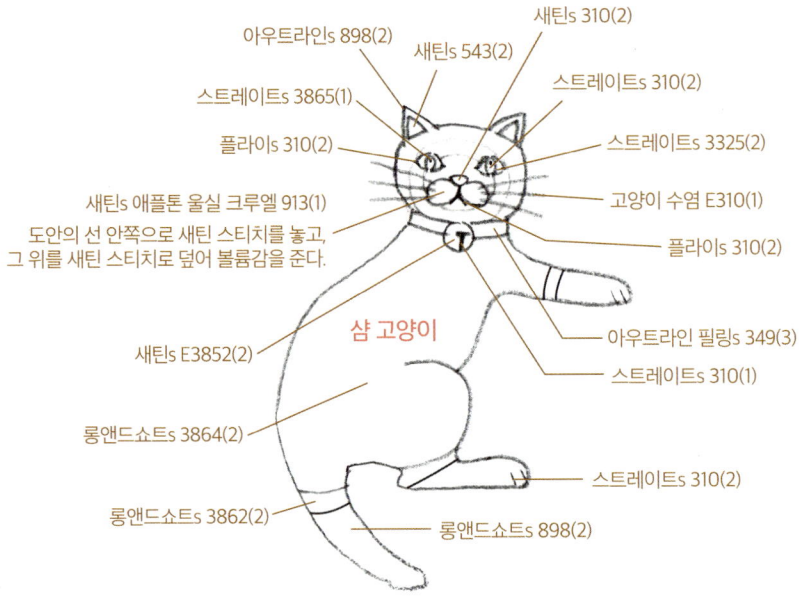

도안 설명은 스티치 → 실 번호 → (실의 가닥 수)로 표기했습니다.
예) 스플릿 3032(3) : 3032번 실 3가닥으로 스플릿 스티치를 합니다.

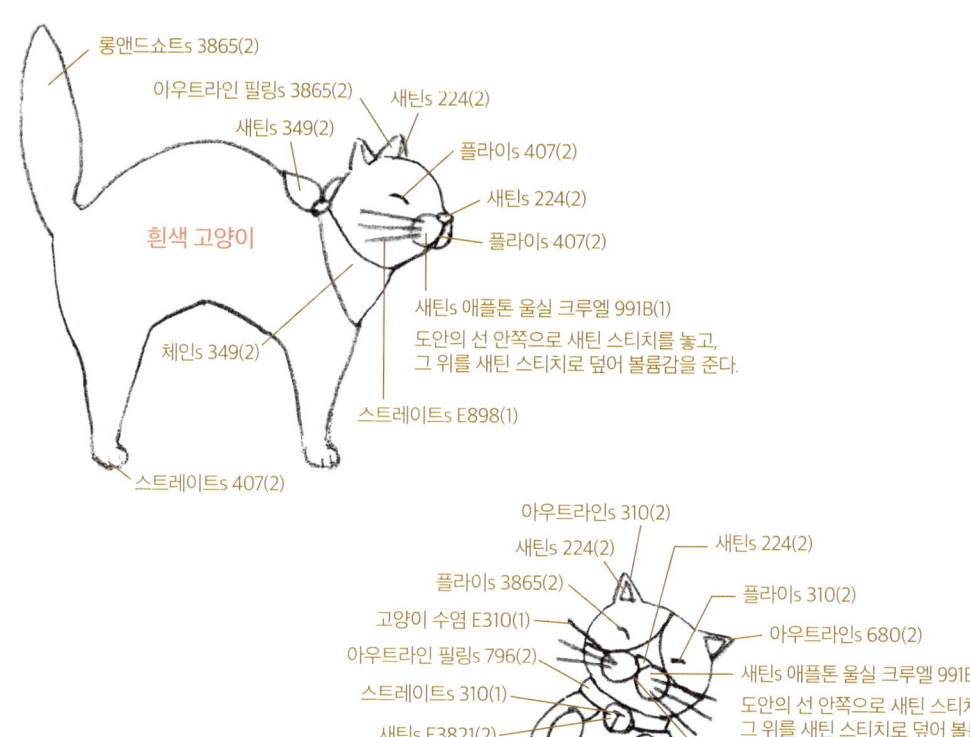
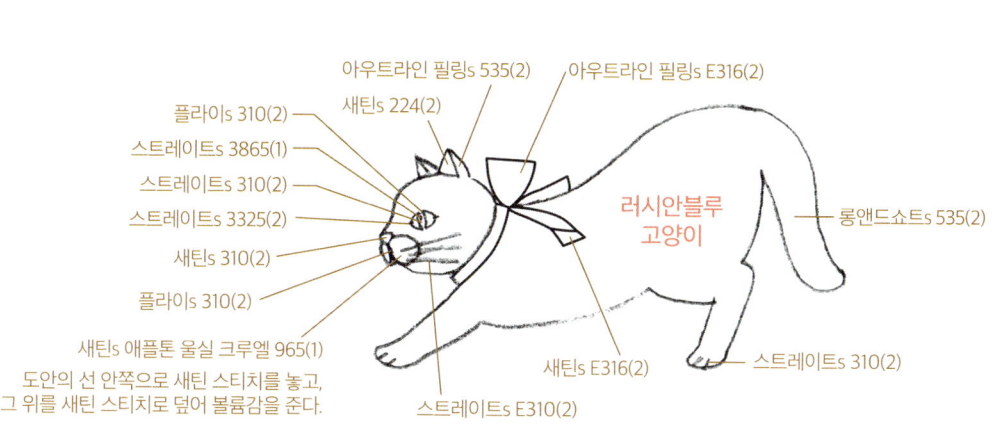

》》》 고양이 수염 만드는 방법 《《《

1_ 고양이 수염을 만들기 위해서는 붓 타입으로 된 강력 접착제(록타이트 이지 브러쉬)와 메탈릭사가 필요합니다. 흰색 고양이의 수염은 DMC E898를 사용하고, 나머지 고양이의 수염은 DMC E310를 사용합니다.

2_ 흰색 고양이를 기준으로 E898 1가닥을 바늘에 넣어 시작매듭을 짓고, 수염이 나와야 하는 자리를 통과하여 매듭이 걸릴 때까지 빼냅니다. 빼낸 실은 2cm 길이를 남기고 자릅니다.

3_ 나머지 5개의 수염도 같은 방법으로 만들고, E898 색상의 실 1가닥으로 사진처럼 수염의 방향을 정한 후 수염을 고정시킵니다.

4_ 수염 아래에 종이를 깔고, 강력 접착제를 수염 끝부터 1.5cm 되는 길이까지 발라 건조시킵니다.

5_ 1cm 길이로 잘라 마무리합니다.

part 03 일상 속 자수

1 · 바느질 & 자수 도구 가랜드
2 · Olive & Oliver 알약케이스
3 · 카네이션 카드 & 브로치
4 · 액세서리 미니액자
5 · 생일축하카드
6 · 바느질 & 자수 도구 알파벳 액자
7 · 파리지앵 파우치
8 · 크리스마스카드

일상 속 자수 01

바느질 & 자수 도구 가랜드

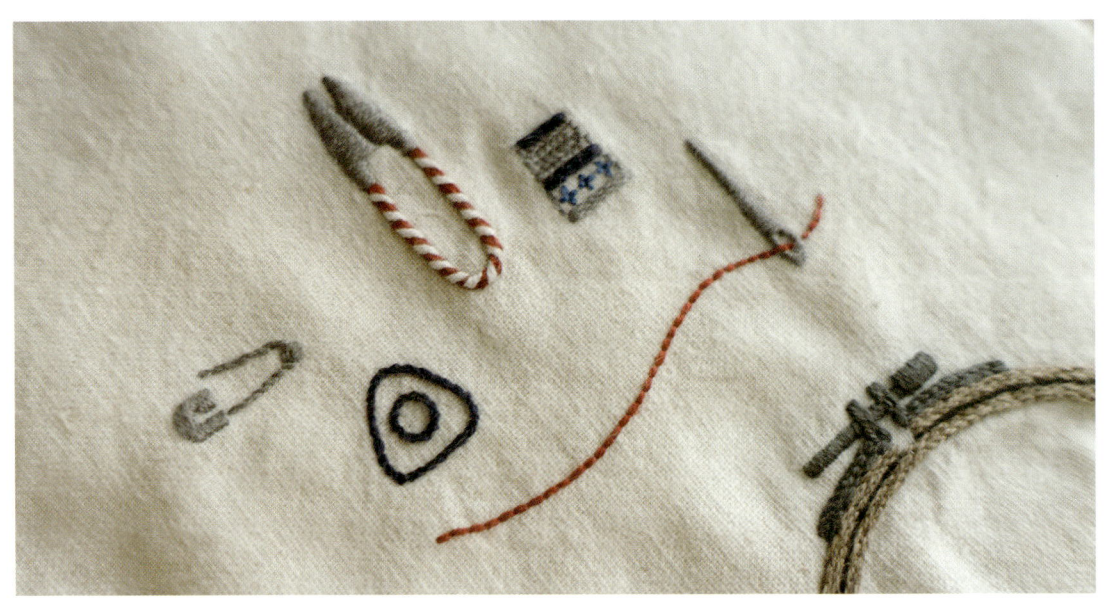

》》 사용한 원단 《《
리넨(베이지색), 면(남색)

》》 그 외 재료 《《
30cm 목봉, 면끈

》》 사용한 실 《《
DMC 25번사 : 310, 823, 824, 839, 869, 3777, 3790, 3799, 3865, 3884, 3895, E168, E3821

》》 사용한 스티치 《《
롱앤드쇼트 스티치, 백 스티치, 버튼홀 스티치, 번들 스티치, 새틴 스티치, 스트레이트 스티치, 스플릿 스티치, 아우트라인 스티치, 체인 스티치, 카우칭 스티치, 프렌치 노트 스티치, 플라이 스티치, 휘프트 백 스티치

》》 바느질 & 자수 도구 가랜드 도안 《《
80% 도안입니다.
아플리케 하는 방법은 021~022쪽을 참고해주세요.

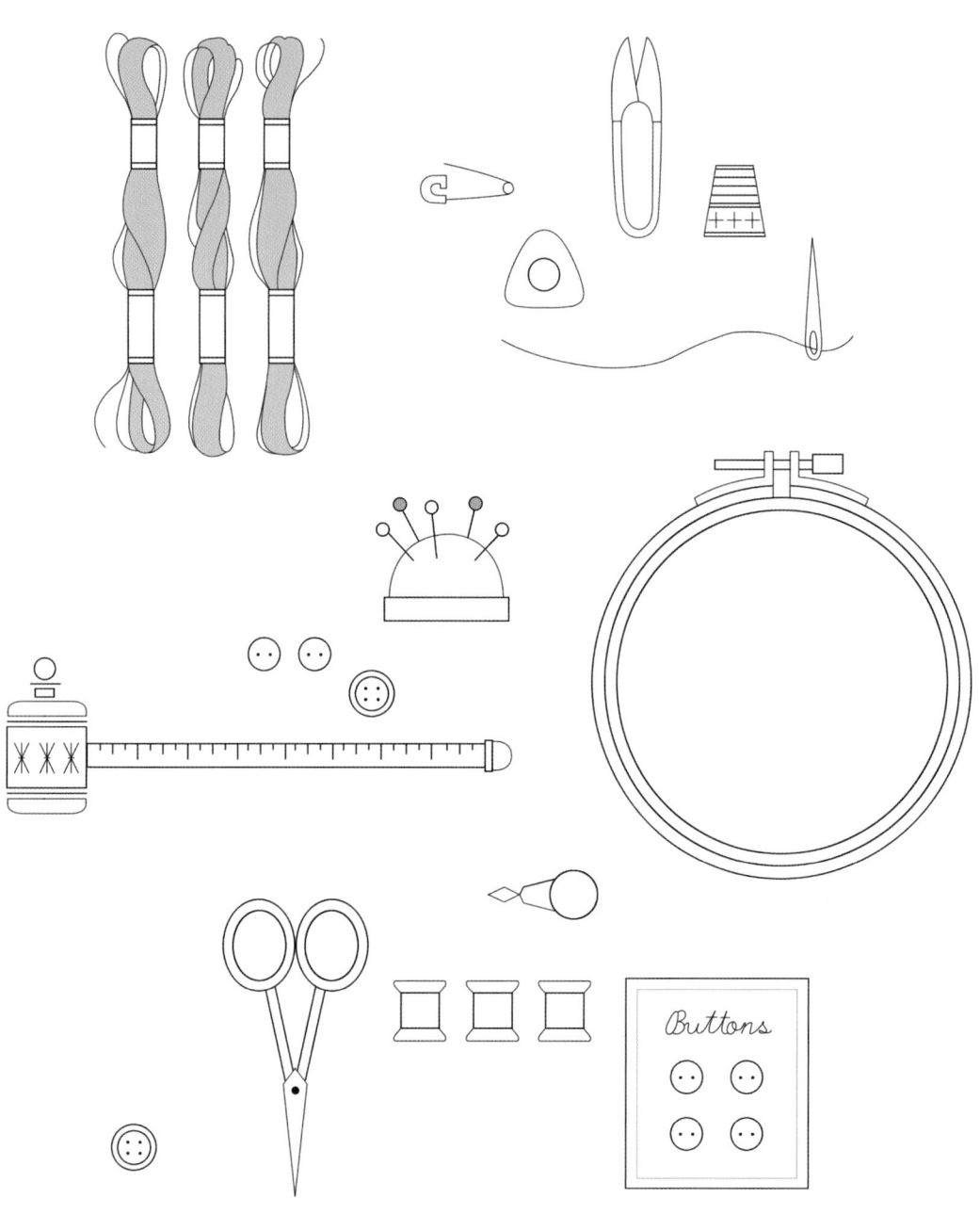

<축소된 도안을 원래 크기로 확대 복사하는 법>
원래 크기(%)÷축소된 크기(%)×100
(예) 80%로 축소된 도안은 125%로 확대 복사
100(%)÷80(%)×100=125% 확대복사

도안 설명은 스티치 → 실 번호 → (실의 가닥 수)로 표기했습니다.
예) 스플릿s 3032(3) : 3032번 실 3가닥으로 스플릿 스티치를 합니다.

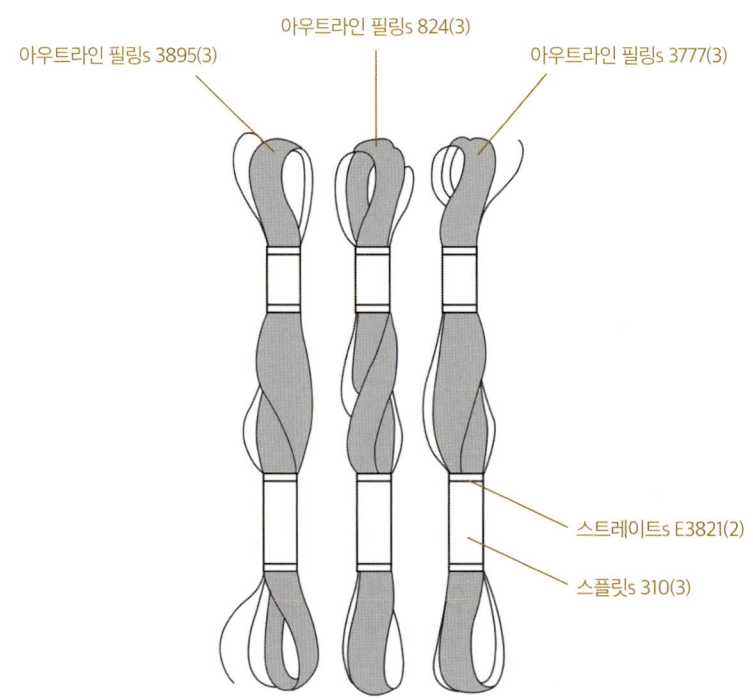

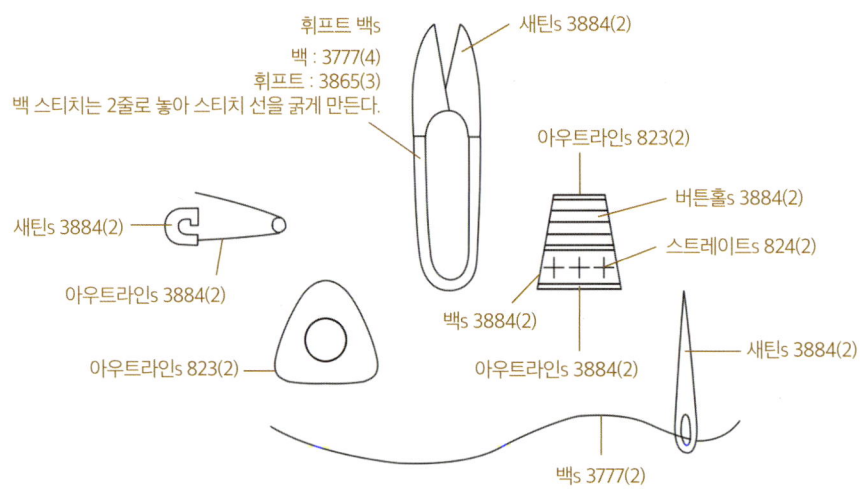

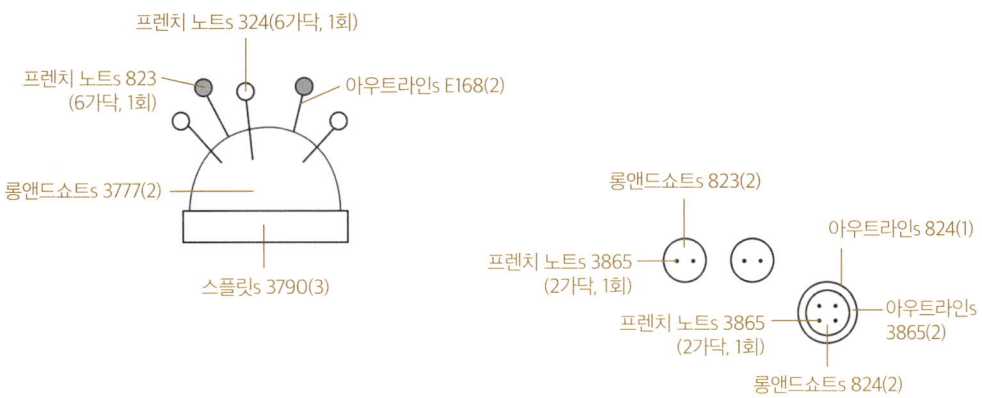

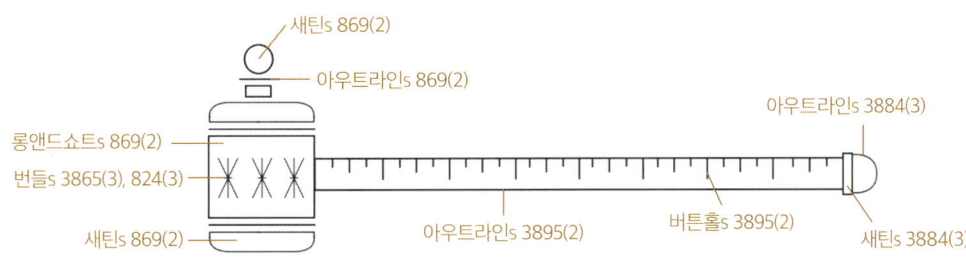

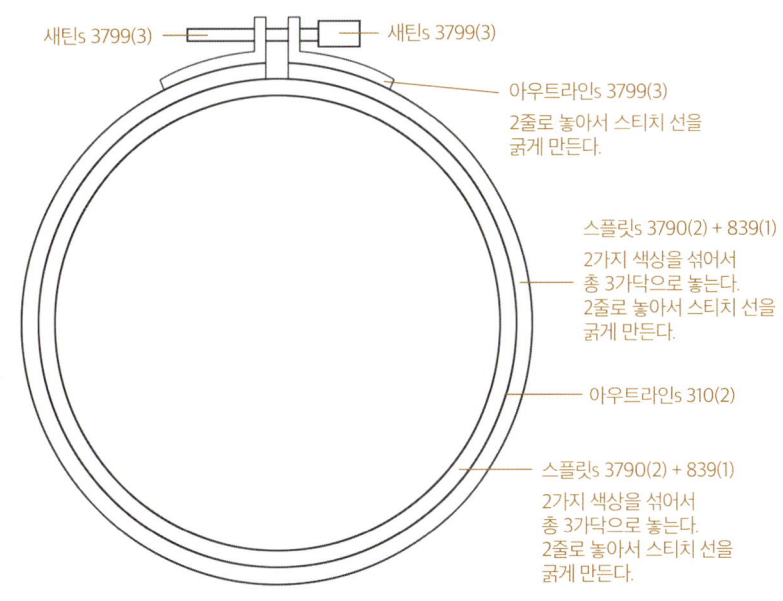

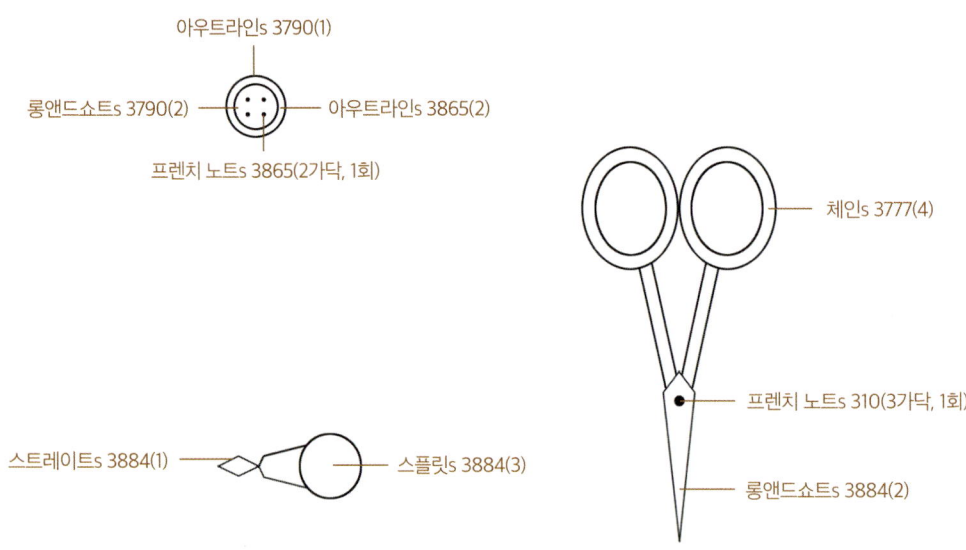

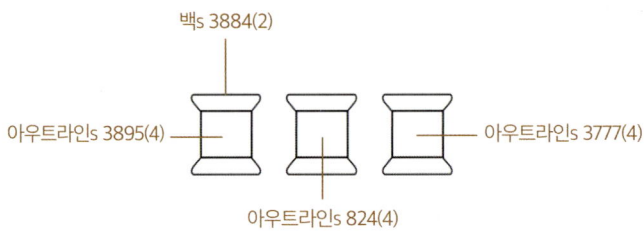

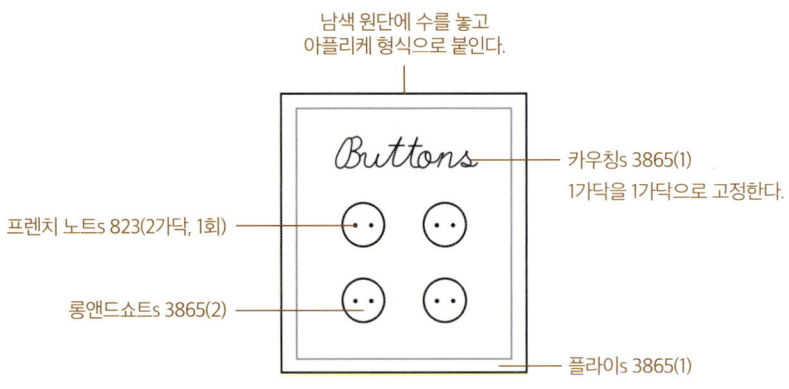

》》》 가랜드 만드는 방법 《《《

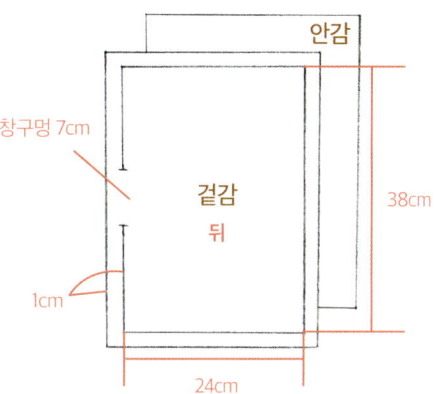

1_ 겉감의 자수가 안쪽으로 오도록 안감과 맞
 댄 후, 박음질을 하고 창구멍을 통해 뒤집습
 니다. 창구멍은 공그르기로 막습니다.

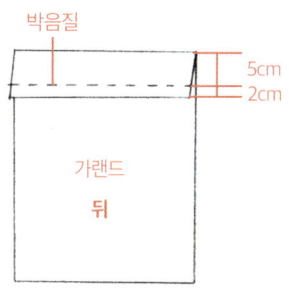

2_ 가랜드의 목봉을 넣는 부분을 만들기 위해
 서, 가랜드의 윗부분을 뒤쪽으로 7cm를 접
 고 그림과 같은 부분에 박음질을 합니다.

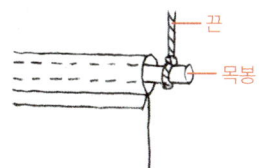

3_ 완성된 가랜드에 목봉을 끼우고 끈을 연결
 합니다.

일상 속 자수 02

Olive & Oliver 알약케이스

》》 사용한 원단 《《
리넨(라이트 베이지색)

》》 그 외 재료 《《
5mm 두께의 리본(빨간색), 원형 알약케이스 부자재

》》 사용한 실 《《
DMC 25번사 : 400, 817, 904, 3752, 3778, 3864

》》 사용한 스티치 《《
롱앤드쇼트 스티치, 새틴 스티치, 스트레이트 스티치, 스플릿 스티치, 아웃라인 스티치, 터키 노트 스티치, 프렌치 노트 스티치

⟫ Olive & Oliver 알약케이스 도안 ⟪

⟫ 알약 케이스 만드는 방법 ⟪

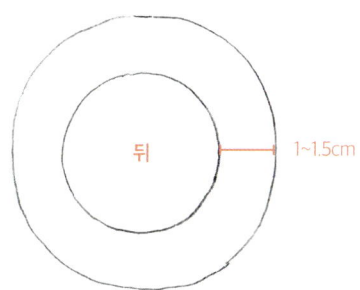

1_ 자수 경계면으로부터 1~1.5cm의 시접을 남기고 재단합니다.

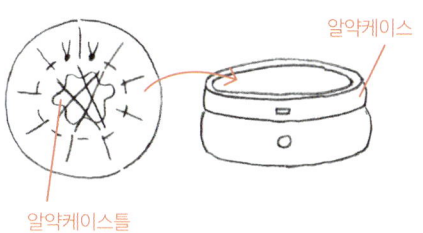

2_ 원단 뒷면에 알약 케이스 틀을 올린 후, 시접을 손바느질로 홈질하여 좁힌 다음 지그재그로 한 번 더 바느질하여 마무리합니다. 알약 케이스 윗면에 본드를 발라 마무리한 알약 케이스 틀을 붙입니다.

도안 설명은 스티치 → 실 번호 → (실의 가닥 수)로 표기했습니다.
예) 스플릿s 3032(3) : 3032번 실 3가닥으로 스플릿 스티치를 합니다.

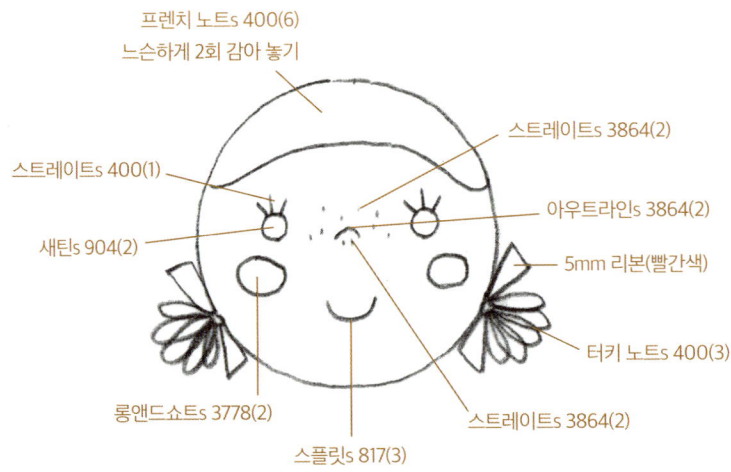

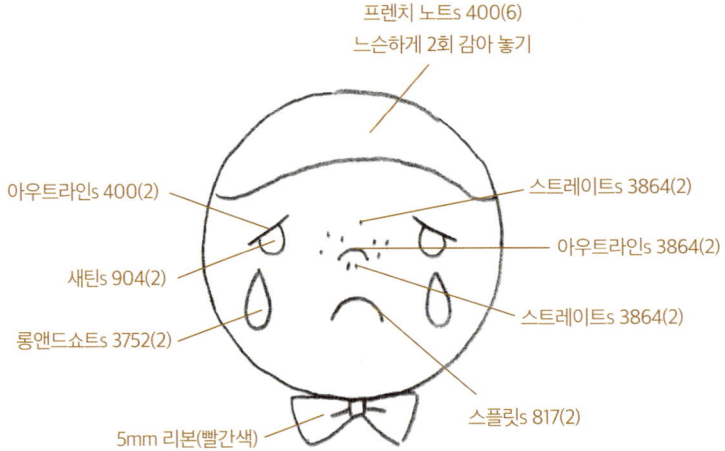

일상 속 자수

03 카네이션 카드 & 브로치

》》 사용한 원단 《《
광목(흰색)

》》 그 외 재료 《《
펠트지, 브로치 부자재, 크라프트지, 본드, 단면 접착심지

》》 사용한 실 《《
DMC 25번사
- 카드 : 347, 368, 561, 760, 934, E3821
- 브로치 : 347 368 561 778

》》 사용한 스티치 《《
- 카드 : 레이지 데이지 스티치, 백 스티치, 새틴 스티치, 스트레이트 스티치, 아우트라인 스티치, 카우칭 스티치
- 브로치 : 롱앤드쇼트 스티치, 새틴 스티치, 위빙 스티치

>>> 카네이션 카드 & 브로치 도안 <<<
브로치 만드는 방법은 023쪽을 참고해주세요.

>>> 카네이션 브로치 도안 <<<

>>> 카네이션 브로치 꽃잎 놓는 순서 <<<
숫자 순서대로 꽃잎을 놓으세요.

빨간색 카네이션 브로치

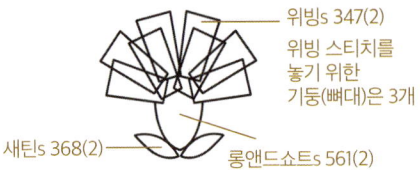

- 위빙s 347(2)
- 위빙 스티치를 놓기 위한 기둥(뼈대)은 3개
- 새틴s 368(2)
- 롱앤드쇼트s 561(2)

분홍색 카네이션 브로치

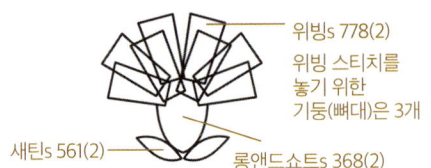

- 위빙s 778(2)
- 위빙 스티치를 놓기 위한 기둥(뼈대)은 3개
- 새틴s 561(2)
- 롱앤드쇼트s 368(2)

- 카드 겉면 13×9.5cm
- 새틴s 368(2)
- 새틴s 760(2)
- 스트레이트s 368(2)
- 백s E3821(1)
- 새틴s 561(2)
- 새틴s 347(2)
- 새틴s E3821(2)
- 카우칭s 934(3) 3가닥을 1가닥으로 고정한다.
- 아우트라인s 561(2)
- 아우트라인s 561(2)
- 아우트라인s 368(2)
- 아우트라인s 368(2)
- 스트레이트s 368(2)
- 새틴s 368(2)
- 새틴s 561(2)
- 스트레이트s 561(2)
- 스트레이트s 347(2)
- 레이지 데이지s + 스트레이트s 347(2) 레이지 데이지 스티치를 놓고 그 위를 ㅡ자로 스트레이트 스티치를 놓아 덮는다.

도안 설명은 스티치 → 실 번호 → (실의 가닥 수)로 표기했습니다.
예) 스플릿 3032(3) : 3032번 실 3가닥으로 스플릿 스티치를 합니다.

⟫⟫⟫ 카네이션 카드 만드는 방법 ⟪⟪⟪

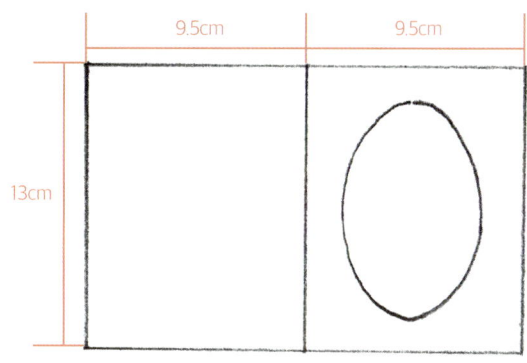

1_ 원단에 단면 접착심지를 붙이고 수를 놓은 후 카드 크기로 재단합니다. 그리고 그림과 같이 카드종이를 잘라 준비합니다.

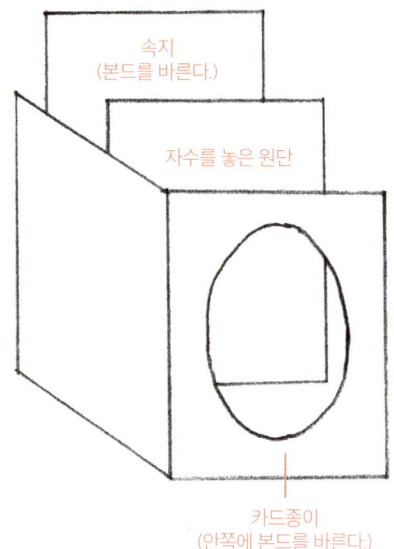

2_ 카드종이의 앞면 안쪽에 본드를 바르고, 수를 놓은 천을 붙인 다음 속지를 붙여 완성합니다.

일상 속 자수

액세서리 미니액자

04

》》 사용한 원단 《《
면(검은색)

》》 그 외 재료 《《
목제 패널(11×11cm), 반원 아크릴 진주(8mm 2개, 5mm 1개),
아크릴 진주 댕글(8mm 3개), 구형 아크릴 진주(3mm 10개),
흰색 비즈(2mm), 비즈자수용 실, 본드

》》 사용한 실 《《
DMC 25번사 : E168, E3821

》》 사용한 스티치 《《
레이지 데이지 스티치, 새틴 스티치, 스트레이트 스티치,
아웃라인 스티치, 케이블 체인 스티치, 플라이 스티치

》》 액세서리 미니액자 도안 《《
반원진주는 본드로 고정하고, 나머지 비즈들은 모두 비즈자수용 실로 고정합니다.

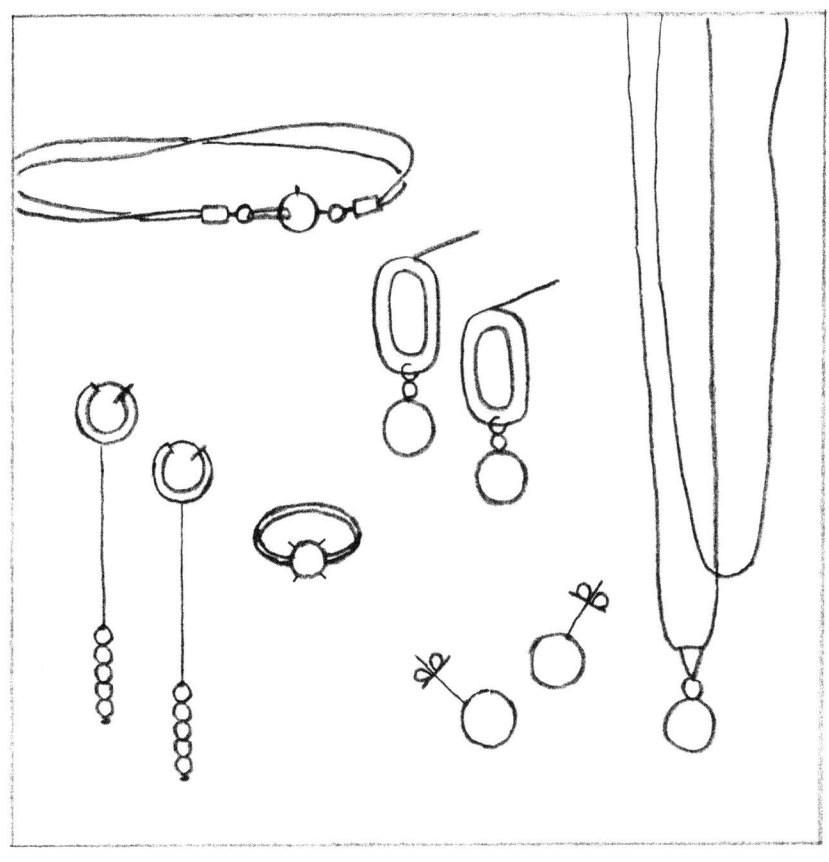

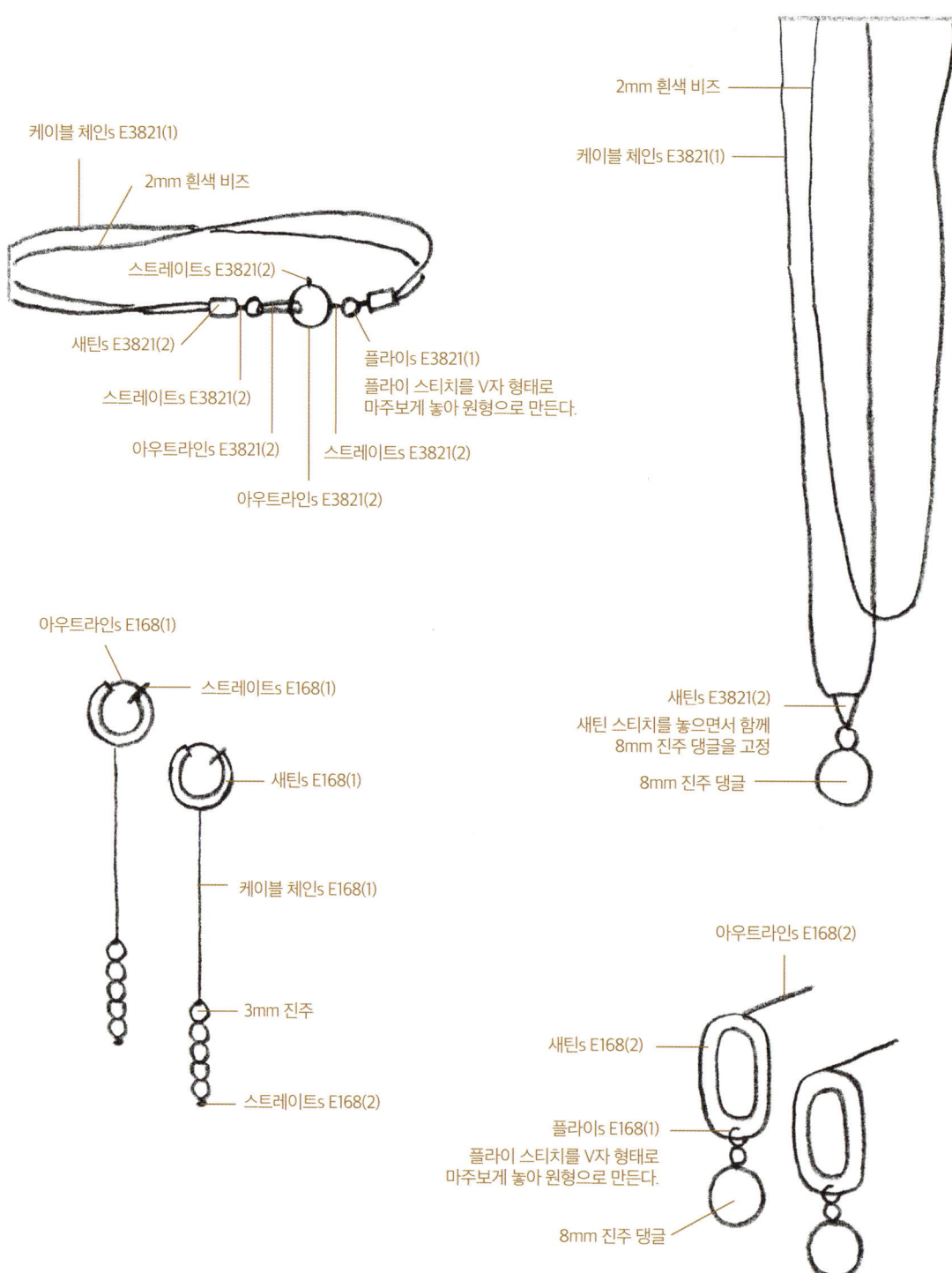

》》 비즈 자수하는 방법 《《

1_ 바늘에 필요한 만큼의 비즈를 꿰어, 비즈들을 천에 고정합니다.

TIP 설명을 위해 비즈와 다른 색상의 실을 사용했습니다. 실제 비즈 자수를 놓을 때에는 비즈와 같은 색상의 실을 사용하거나 비즈 자수용 투명실을 사용합니다.

2_ 비즈를 고정하기 위해 바늘을 찔러 넣은 부분으로부터 마지막 두 비즈 사이로 바늘을 빼내어 카우칭 스티치를 합니다.

3_ 그 다음의 두 비즈 사이도 똑같은 과정을 반복합니다.

4_ 이런 방법으로 비즈들을 연달아 연결합니다.

일상 속 자수 ⑤

생일축하카드

≫ 사용한 원단 ≪
광목(흰색, 검은색)

≫ 그 외 재료 ≪
크라프트지, 2mm 비즈(흰색, 금색), 비즈용실, 단면 접착심지

≫ 사용한 실 ≪
DMC 25번사 : 310, 3782, 3865, E677

≫ 사용한 스티치 ≪
레이지 데이지 스티치, 백 스티치, 롱앤드쇼트 스티치, 새틴 스티치, 스트레이트 스티치, 스플릿 스티치, 아우트라인 스티치, 아우트라인 필링 스티치, 카우칭 스티치, 휘프트 백 스티치

》》》 생일축하카드 도안 《《《
아플리케 하는 방법은 021~022쪽을 참고해주세요.
비즈는 비즈용실로 고정합니다.

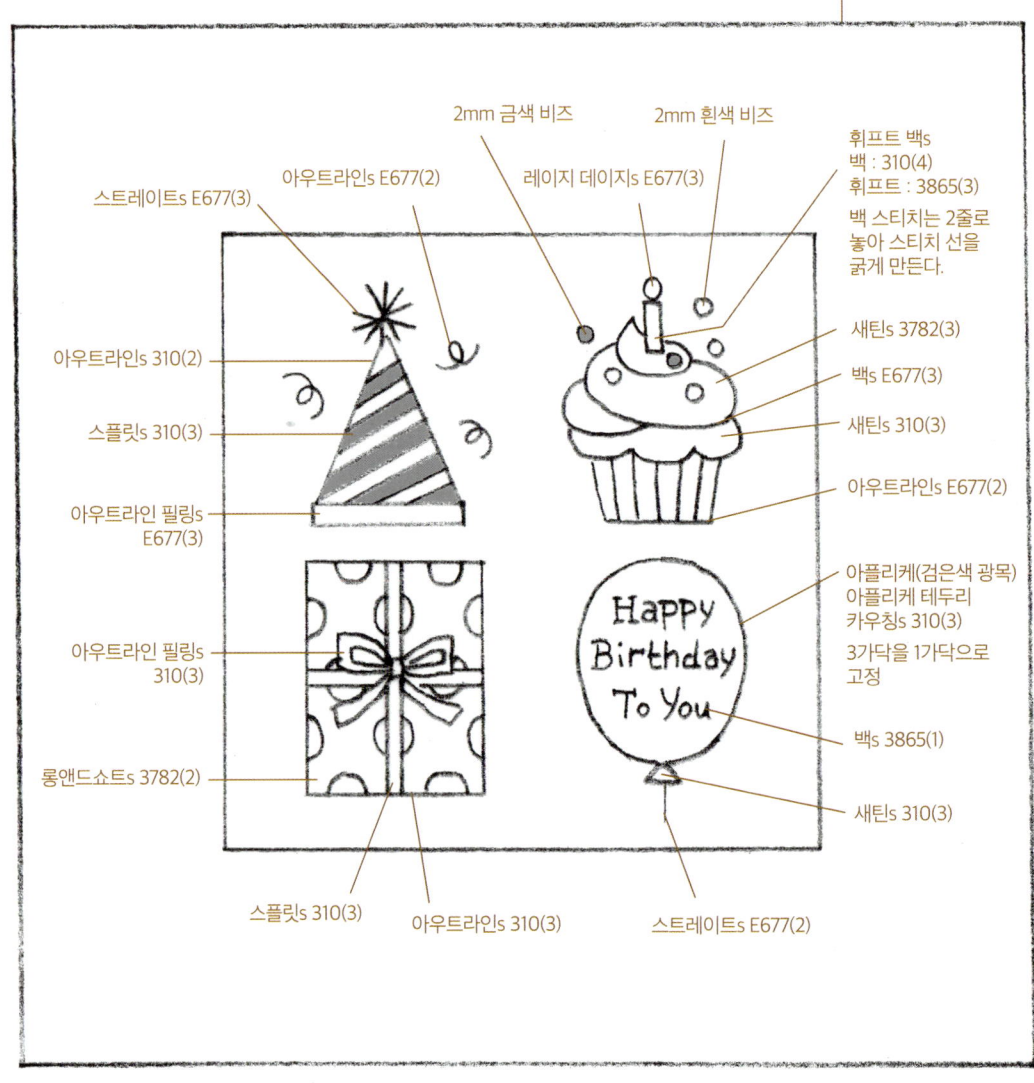

도안 설명은 스티치 → 실 번호 → (실의 가닥 수)로 표기했습니다.
예) 스플릿s 3032(3) : 3032번 실 3가닥으로 스플릿 스티치를 합니다.

》》》 생일축하 카드 만드는 방법 《《《

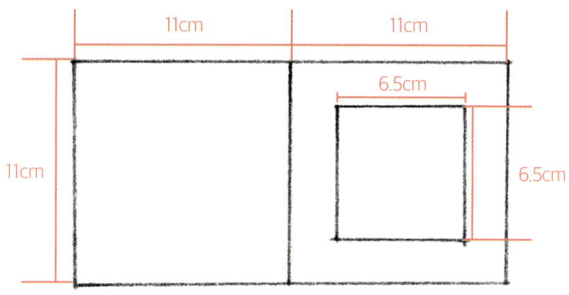

1_ 원단에 단면 접착심지를 붙이고 수를 놓은 후 카드 크기로 재단합니다. 그리고 그림과 같이 카드 종이를 잘라 준비합니다.

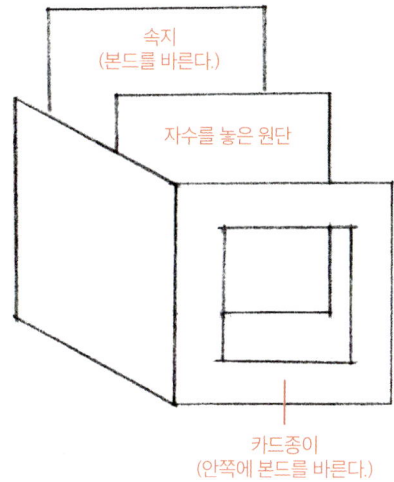

2_ 카드 종이의 앞면 안쪽에 본드를 바르고 수를 놓은 천을 붙인 다음 속지를 붙여 완성합니다.

일상 속 자수 06

바느질 & 자수 도구 알파벳 액자

》》 사용한 원단 《《
광목(흰색)

》》 그 외 재료 《《
목재 패널(32×30cm)

》》 사용한 실 《《
DMC 25번사 : 152, 160, 167, 310, 327, 336, 349, 413, 700, 781, 833, 900, 919, 935, 3726, 3781, 3803, 3808, 3809, 3842, 3844, 3865, 3884, 3893, 3895, E168, E3821, BLANC

》》 사용한 스티치 《《
레이지 데이지 스티치, 롱앤드쇼트 스티치, 백 스티치, 새틴 스티치, 스트레이트 스티치, 스플릿 스티치, 아웃라인 스티치, 아웃라인 필링 스티치, 체인 스티치, 카우치 트렐리스 스티치, 프렌치 노트 스티치, 플라이 스티치, 휘프트 백 스티치

》》 바느질 & 자수도구 알파벳 도안 《《
50% 도안입니다.
목재 패널 액자를 만드는 방법은 024쪽을 참고해주세요.

<축소된 도안을 원래 크기로 확대 복사하는 법>
원래 크기(%)÷축소된 크기(%)×100
(예) 50%로 축소된 도안은 200%로 확대 복사
100(%)÷50(%)×100=200% 확대복사

도안 설명은 스티치 → 실 번호 → (실의 가닥 수)로 표기했습니다.
예) 스플릿s 3032(3) : 3032번 실 3가닥으로 스플릿 스티치를 합니다.

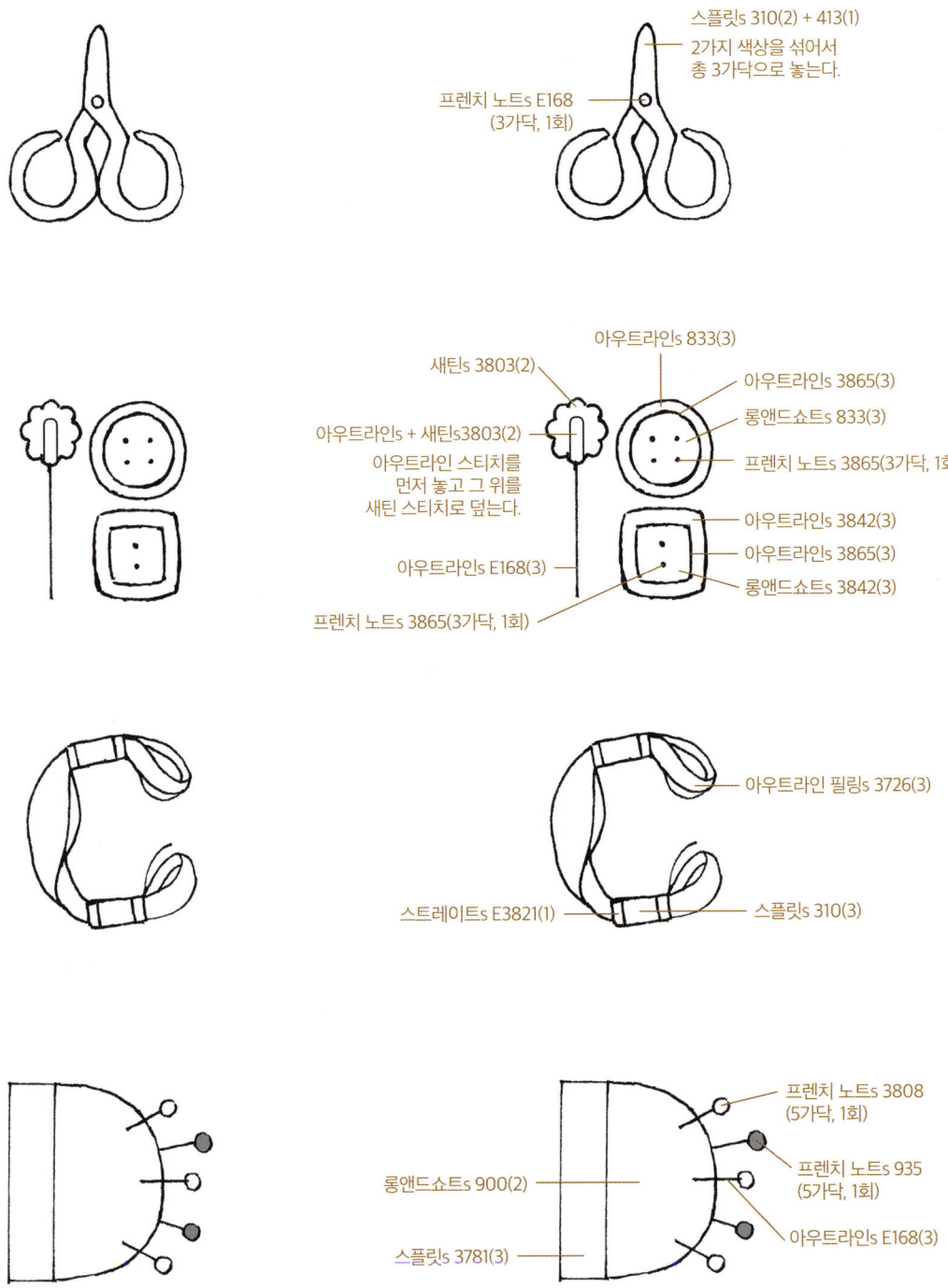

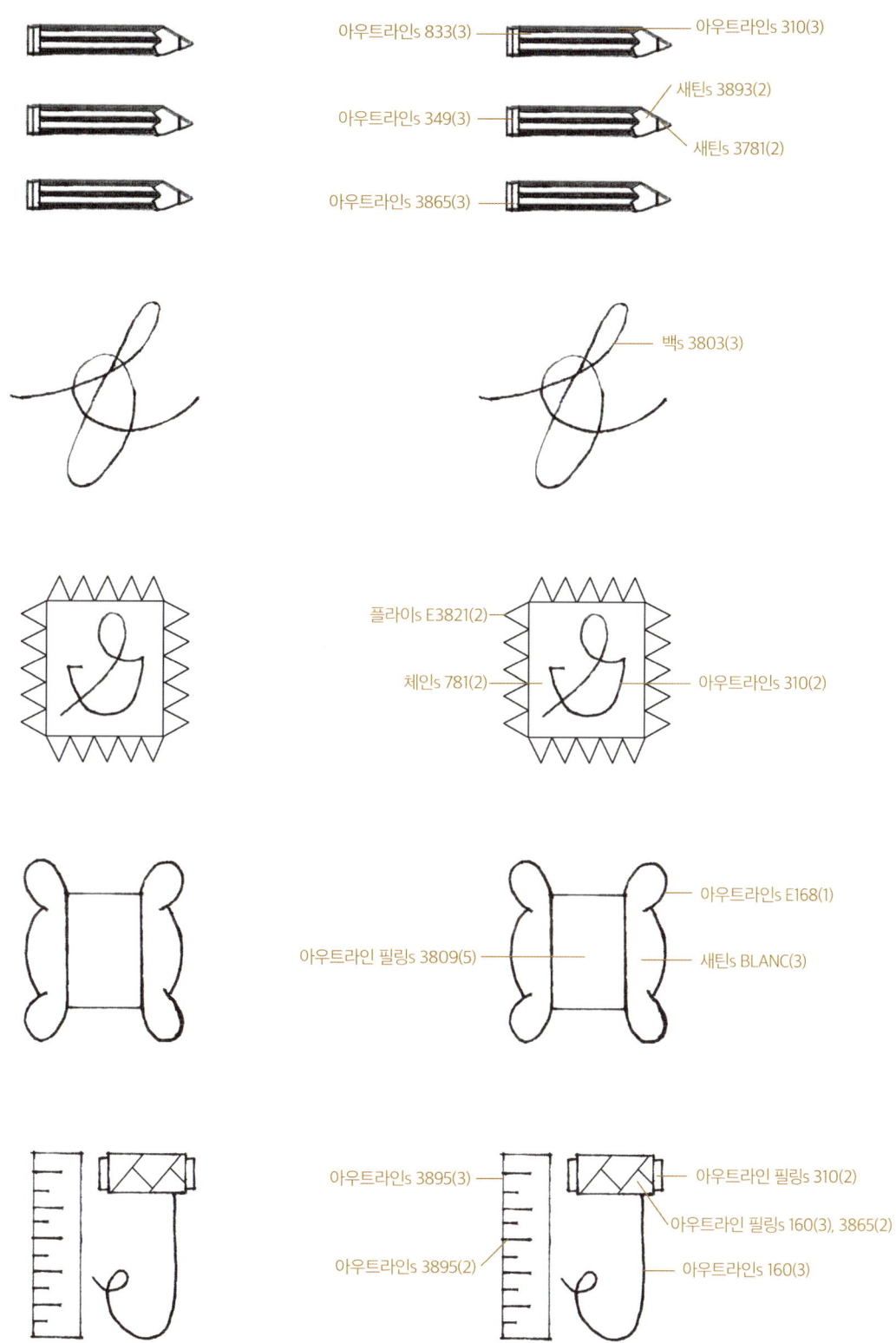

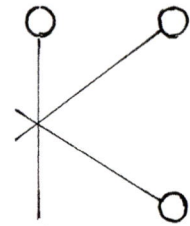 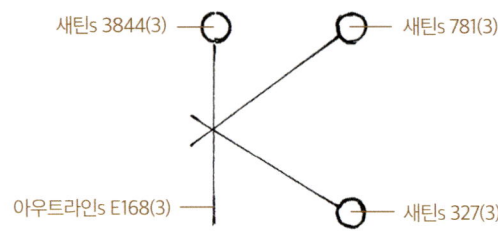

새틴s 3844(3)
새틴s 781(3)
아우트라인s E168(3)
새틴s 327(3)

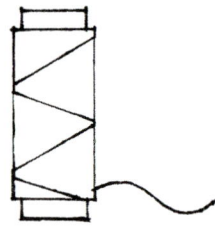 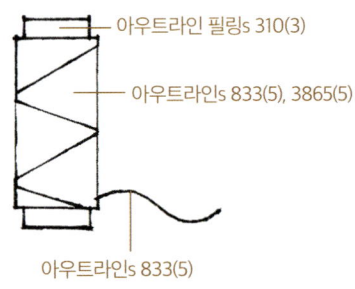

아우트라인 필링s 310(3)
아우트라인s 833(5), 3865(5)
아우트라인s 833(5)

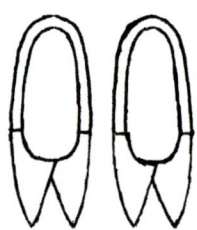 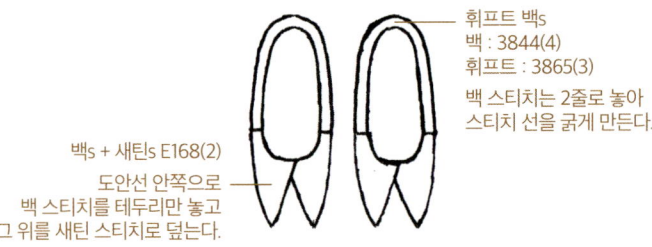

휘프트 백s
백 : 3844(4)
휘프트 : 3865(3)
백 스티치는 2줄로 놓아 스티치 선을 굵게 만든다.

백s + 새틴s E168(2)
도안선 안쪽으로 백 스티치를 테두리만 놓고 그 위를 새틴 스티치로 덮는다.

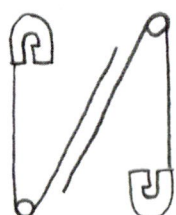 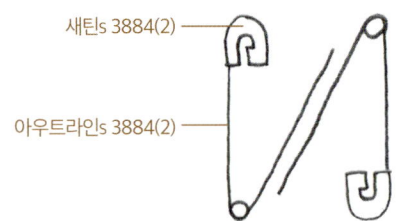

새틴s 3884(2)
아우트라인s 3884(2)

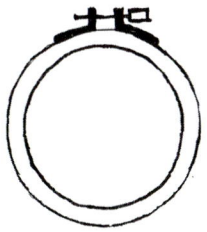 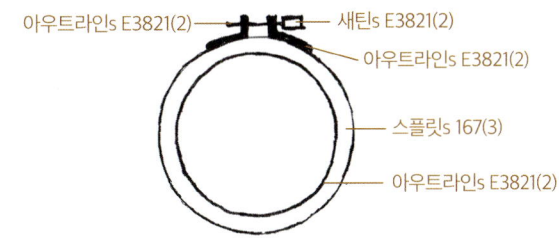
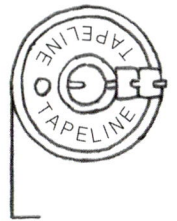 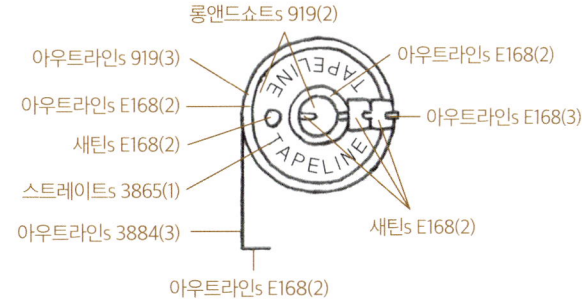
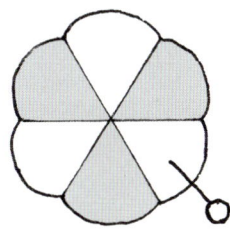 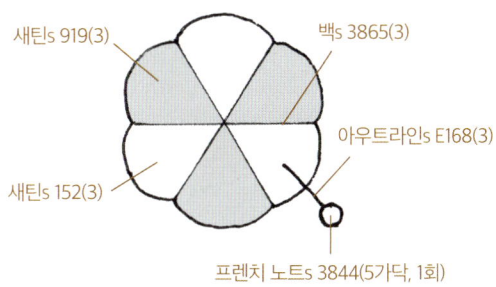
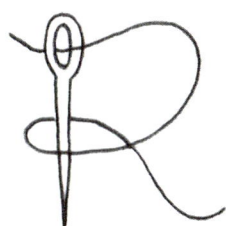 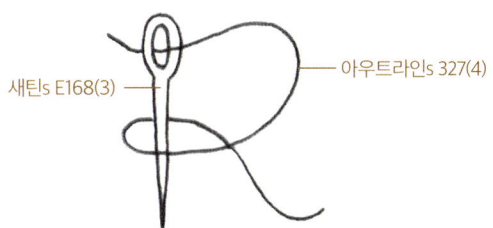

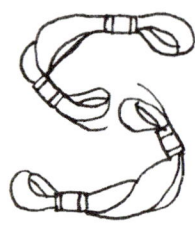 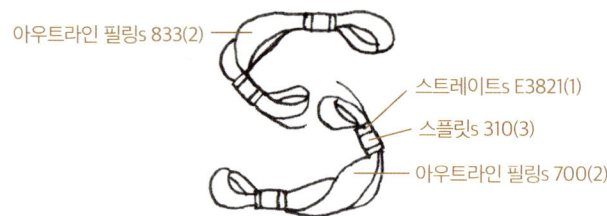

아우트라인 필링s 833(2)
스트레이트s E3821(1)
스플릿s 310(3)
아우트라인 필링s 700(2)

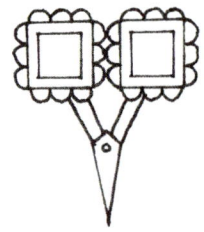 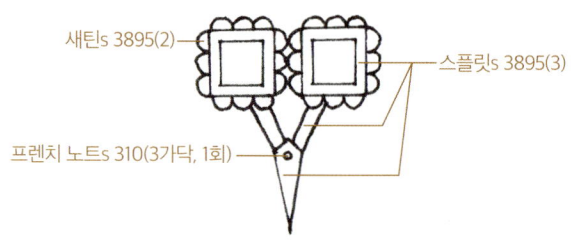

새틴s 3895(2)
스플릿s 3895(3)
프렌치 노트s 310(3가닥, 1회)

 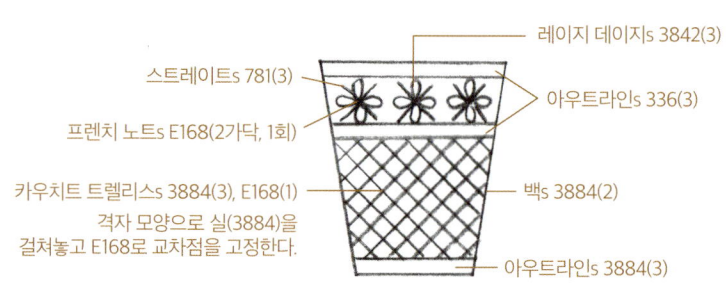

레이지 데이지s 3842(3)
스트레이트s 781(3)
아우트라인s 336(3)
프렌치 노트s E168(2가닥, 1회)
카우치트 트렐리스s 3884(3), E168(1)
격자 모양으로 실(3884)을 걸쳐놓고 E168로 교차점을 고정한다.
백s 3884(2)
아우트라인s 3884(3)

 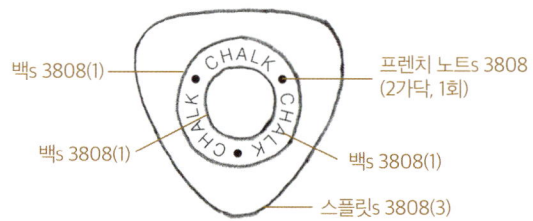

백s 3808(1)
프렌치 노트s 3808 (2가닥, 1회)
백s 3808(1)
백s 3808(1)
스플릿s 3808(3)

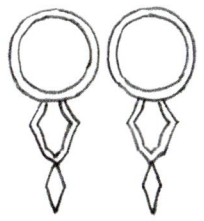 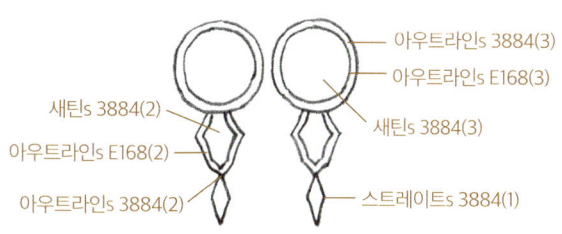

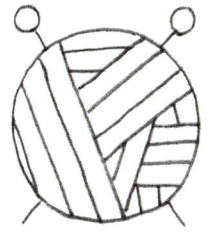 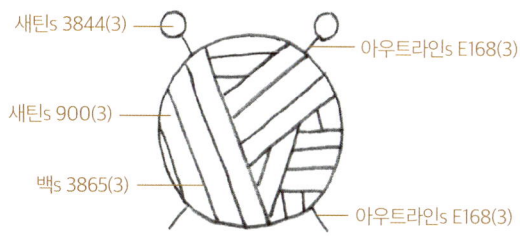

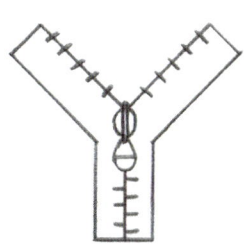 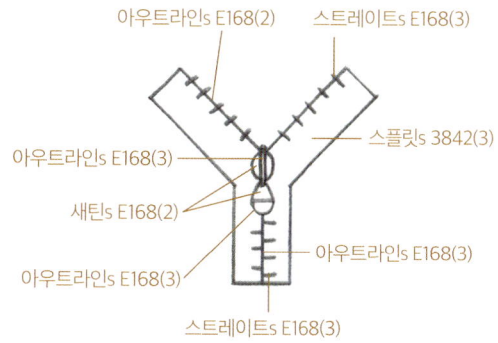

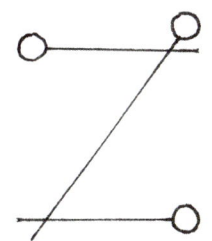 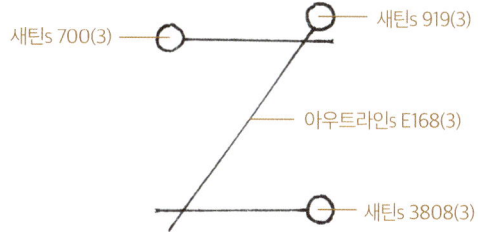

일상 속 자수
07

파리지앵 파우치

》》 사용한 원단 《《
리넨(베이지색)
안감 : 광목(흰색)

》》 그 외 재료 《《
지퍼, 테슬 액세서리, 6mm 진주 비즈

》》 사용한 실 《《
· DMC 25번사 : 349, 433, 817, 3021, 3863
· 애플톤 울사 크루엘 : 747, 865

》》 사용한 스티치 《《
백 스티치, 새틴 스티치, 스트레이트 스티치, 스플릿 스티치, 아우트라인 스티치, 체인 스티치, 프렌치 노트 스티치

>>> 파리지앵 파우치 도안 <<<
파우치의 크기는 18×14cm입니다.

도안 설명은 스티치 → 실 번호 → (실의 가닥 수)로 표기했습니다.
예) 스플릿s 3032(3) : 3032번 실 3가닥으로 스플릿 스티치를 합니다.

》》 파리지앵 파우치 만드는 방법 《《

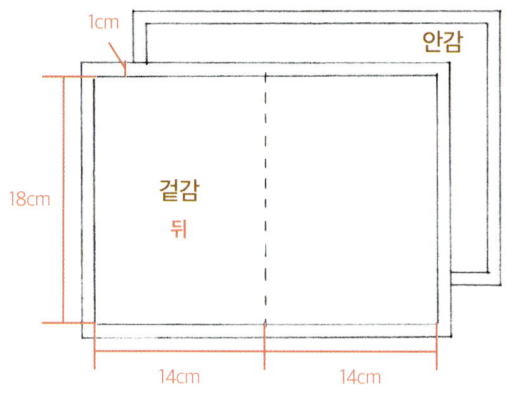

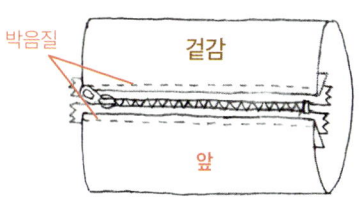

1_ 겉감에 수를 놓고, 뒷면에 그림과 같이 그린 후 시접 1cm를 남기고 재단합니다.
안감도 겉감과 같은 크기로 그리고 재단합니다.

2_ 겉감의 지퍼가 연결되는 쪽에서 시접 1cm를 안쪽으로 접은 후, 지퍼에 올려서 박음질을 합니다. 반대쪽도 같은 방식으로 바느질하여 지퍼를 연결합니다.

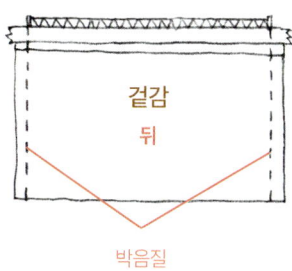

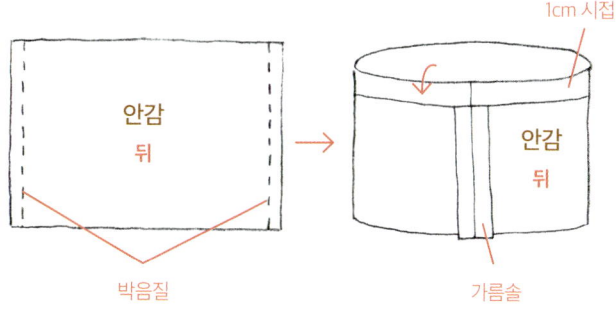

3_ 겉감 뒷면의 양 옆선을 박음질합니다.

4_ 안감 뒷면의 양 옆선을 박음질한 후 뒤집어서, 입구 부분의 시접을 1cm로 접고 그림처럼 준비합니다.

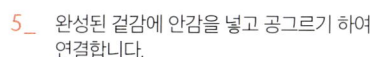

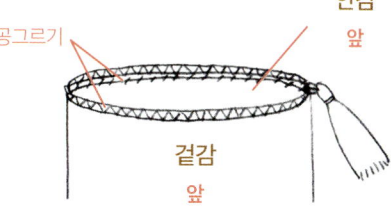

5_ 완성된 겉감에 안감을 넣고 공그르기 하여 연결합니다.

일상 속 자수

08

크리스마스카드

》 **사용한 원단** 《
면(남색)

》 **그 외 재료** 《
종이(흰색), 단면 접착심지

》 **사용한 실** 《
DMC 25번사 : 3865, E168

》 **사용한 스티치** 《
롱앤드쇼트 스티치, 불리온 스티치, 새틴 스티치, 스트레이트 스티치, 아우트라인 스티치, 아우트라인 필링 스티치, 카우칭 스티치, 프렌치 노트 스티치

》》 크리스마스카드 도안 《《

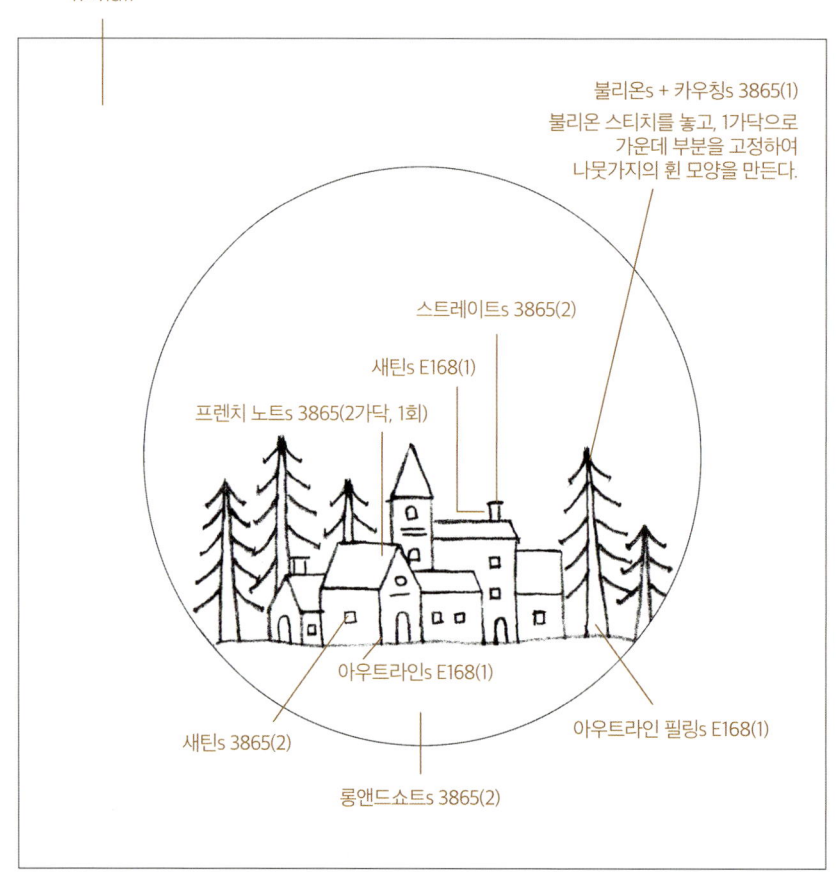

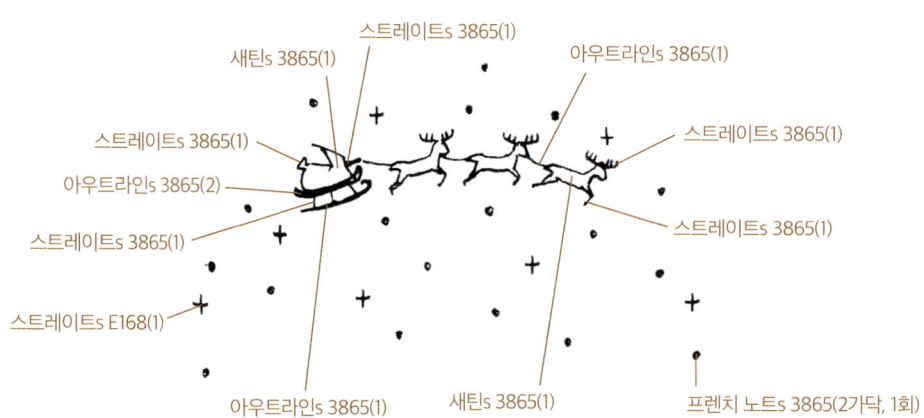

도안 설명은 스티치 → 실 번호 → (실의 가닥 수)로 표기했습니다.
예) 스플릿 3032(3) : 3032번 실 3가닥으로 스플릿 스티치를 합니다.

》》 크리스마스카드 만드는 방법 《《

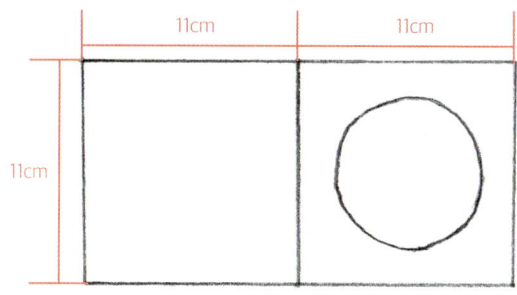

1_ 원단에 단면 접착심지를 붙이고 수를 놓은 후 카드 크기로 재단합니다. 그리고 그림과 같이 카드종이를 잘라 준비합니다.

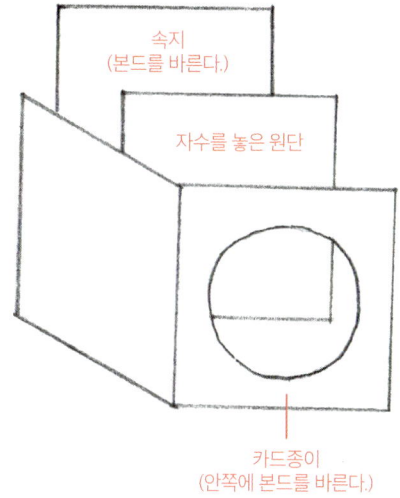

2_ 카드종이의 앞면 안쪽에 본드를 바르고, 수를 놓은 천을 붙인 다음 속지를 붙여 완성합니다.

Part 04 맛있는 자수

1. 맛있는 9가지 브로치
2. 초밥액자
3. Coffee Break 액자
4. 오니기리 액자
5. 파스타 액자
6. 옥수수 액자
7. 브런치 액자
8. 초밥 마그넷

맛있는 자수
01

맛있는 9가지 브로치

》》 사용한 원단 《《

광목(흰색)

》》 그 외 재료 《《

펠트지, 브로치 부자재, 본드
- 피자 : 2.5mm 비즈(검은색)
- 콜라 : 2mm 비즈(흰색)
- 맥주 : 2mm, 2.5mm, 3mm 비즈(흰색)
- 팥빙수 : 2mm 비즈(흰색), 3mm 비즈(빨간색, 노란색, 초록색), 입체 자수용 철사
- 캔디머신 : 2.5~3mm 비즈(은색, 빨간색, 노란색, 초록색, 하늘색, 분홍색)
- 소다수 : 2mm 비즈(연두색), 1mm 비즈(초록색)

》》 사용한 실 《《

DMC 25번사
- 피자 : 221, 420, 436, 646, 738, 739, 817, 920, 987, 3726, 3857, 3866
- 햄버거 : 422, 433, 436, 471, 712, 817, 904, 3042, 3743, 3781, 3827, 3865, 모쿠바 리본실 1547-36(4mm)
- 팝콘 : 712, 738, 817, 3828, 3865, E3821
- 콜라 : 801, 3865, E168, E317, E321
- 맥주 : 169, 781, 3865
- 팥빙수 : 349, 611, 676, 677, 738, 775, 822, 938, 986, 3752, 3777, 3857, 3866, BLANC, ECRU, E168
- 캔디머신 : 169, 310, 347, E168
- 붕어빵 : 420, 738, 3828
- 소다수 : 702, 727, 890, 3865, E699, E3852

>>> 사용한 스티치 <<<
- 피자 : 새틴 스티치, 스플릿 스티치, 롱앤드쇼트 스티치, 아우트라인 스티치, 스트레이트 스티치
- 햄버거 : 레이지 데이지 스티치, 새틴 스티치, 롱앤드쇼트 스티치, 프렌치 노트 스티치, 스플릿 스티치
- 팝콘 : 불리온 스티치, 프렌치 노트 스티치, 백 스티치, 스트레이트 스티치, 스플릿 스티치, 아우트라인 스티치
- 콜라 : 아우트라인 스티치, 아우트라인 필링 스티치, 스트레이트 스티치, 롱앤드쇼트 스티치, 카우칭 스티치
- 맥주 : 롱앤드쇼트 스티치, 백 스티치
- 팥빙수 : 새틴 스티치, 아우트라인 스티치, 아우트라인 필링 스티치, 플라이 스티치, 프렌치 노트 스티치, 불리온 스티치
- 캔디머신 : 새틴 스티치, 백 스티치, 스트레이트 스티치, 롱앤드쇼트 스티치, 아우트라인 스티치
- 붕어빵 : 스플릿 스티치, 불리온 스티치, 불리온 데이지 스티치, 불리온 노트 스티치, 휠 스티치
- 소다수 : 아우트라인 스티치, 아우트라인 필링 스티치, 스트레이트 스티치, 새틴 스티치, 롱앤드쇼트 스티치

》》 맛있는 9가지 브로치 도안 《《

프렌치 노트 스티치는 따로 표기가 없는 것은 '1회 감기'입니다.
브로치 만드는 법은 023쪽을 참고해주세요.
붕어빵의 지느러미와 꼬리부분 스티치 표현법은 072쪽을 참고해주세요.

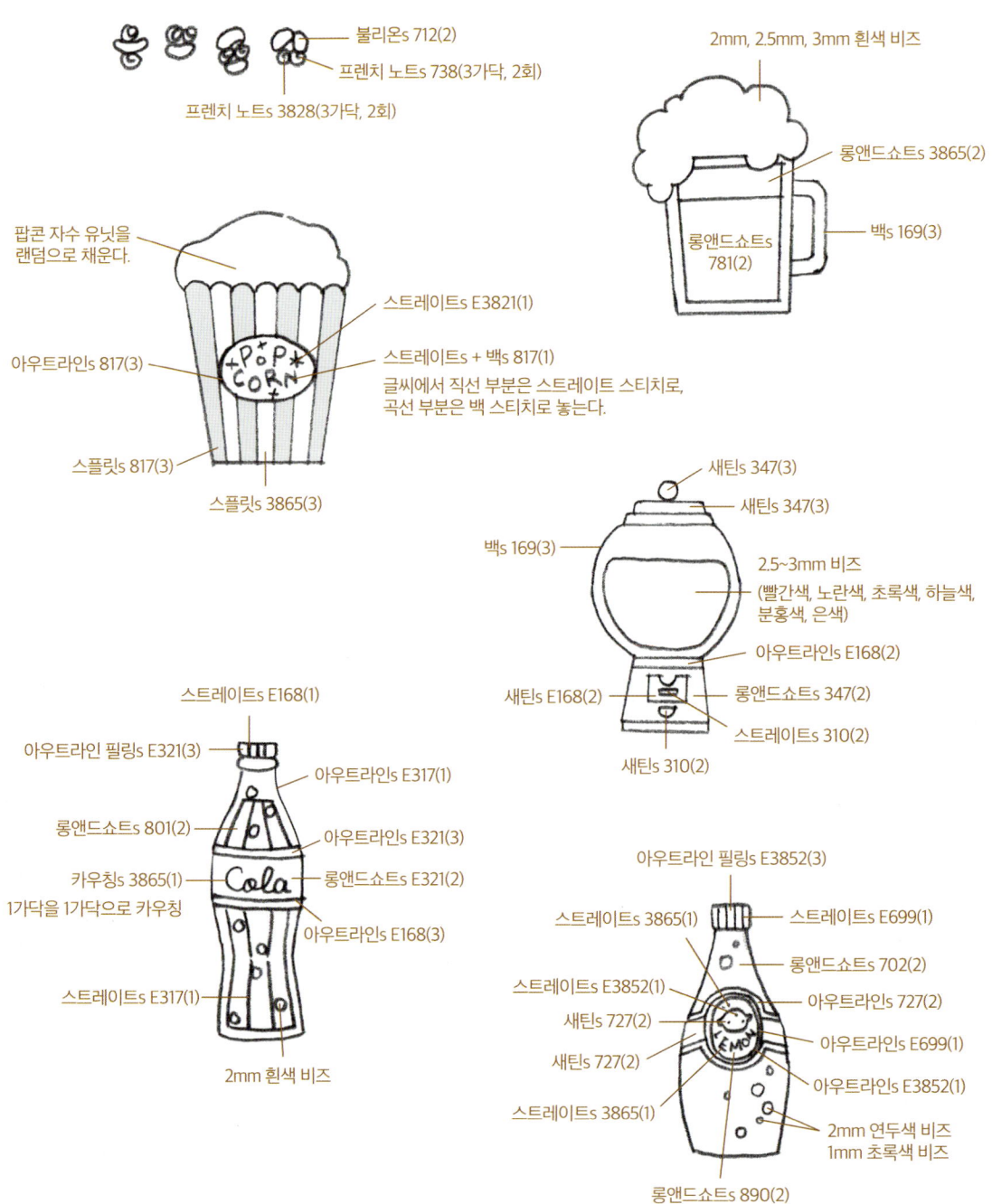

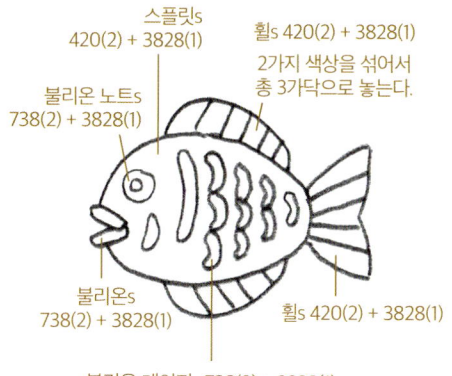

»»» 햄버거 양상추 만드는 방법 «««

1_ 리본실(모쿠바 no.1547-4mm, 34)을 35cm로 자른 후, 굵은 자수바늘에 통과시킵니다(리본자수바늘을 사용해도 됩니다). 사진처럼 만든 후, 한손으로 바늘을 잡은 상태에서 다른 한손으로 리본의 긴 쪽을 잡아당깁니다.

2_ 리본실을 바늘에 꿴 모습입니다.

3_ 햄버거 양상추 자리에서 조금 안쪽에 리본실과 자수실(DMC 25번사 471 1가닥)을 빼냅니다.

4_ 자수실로 리본실을 홈질하여 주름을 만듭니다. 이때 주름이 일정하지 않아도 됩니다.

5_ 촘촘하게 주름을 잡고, 주름이 잡힌 리본실의 길이를 5cm 내외로 만듭니다.

6_ 양상추가 들어갈 자리에 S자가 누워진 형태로 주름을 배치한 후, 리본실과 자수실을 원단 뒤로 빼냅니다.

7_ 원단 뒤로 빼낸 리본실은 매듭을 짓고, 자수실만 다시 원단 앞으로 빼내어 주름이 잡힌 리본실을 양상추 모양으로 정리하면서 고정시킵니다.

》》 팥빙수 체리꼭지 만드는 방법 《《

  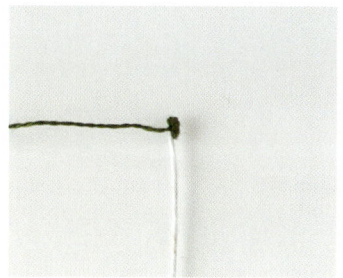

1_ 입체 자수용 철사를 5cm로 잘라서 준비합니다. 철사 끝에 목공용 본드를 바른 후, 자수실(DMC 25번사 904 1가닥)로 약 0.3cm 정도 감습니다.

2_ 자수실로 감은 부분을 0.2cm 크기로 접습니다. 접을 때 펜치를 사용하면 편리합니다.

3_ 철사의 접힌 끝부분부터 약 1cm 되는 곳을 목공용 본드로 바릅니다.

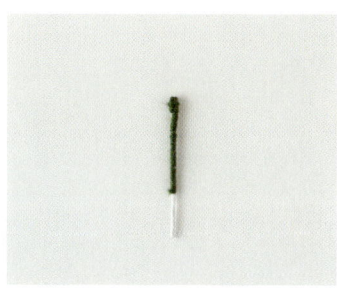  

4_ 목공용 본드로 바른 곳을 자수실로 감아 1cm 되는 지점에서 남은 실을 자릅니다.

5_ 남은 철사를 적당한 크기로 자른 후, 팥빙수 브로치에 펠트지를 붙일 때 넣어 함께 붙입니다. 여기에서 체리 밖으로 나온 체리꼭지의 길이는 0.7cm입니다.

6_ 체리꼭지를 손으로 만져 모양을 정돈해줍니다.

맛있는 자수

02 초밥 액자

》》 사용한 원단 《《
· 바탕 : 면(남색)
· 나무접시 : 리넨(밝은 갈색)
· 간장종지 : 광목(흰색)

》》 그 외 재료 《《
목재 패널(22.5×15.5cm), 2mm 비즈(노란색), 아플리케 재료(단면 접착심, 양면 접착심)

》》 사용한 실 《《
· DMC 25번사 : 310, 433, 830, 842, 869, 3371, 3781, 3799, 3865, E3821
· 애플톤 울실 크루엘 : 402, 623, 694, 865, 877, 916

》》 사용한 스티치 《《
백 스티치, 새틴 스티치, 스트레이트 스티치, 스플릿 스티치, 아우트라인 스티치, 카우칭 스티치

》》》 초밥 액자 도안 《《《
아플리케를 하는 방법은 021~022쪽을 참고해주세요.
목재 패널 액자를 만드는 방법은 024쪽을 참고해주세요.

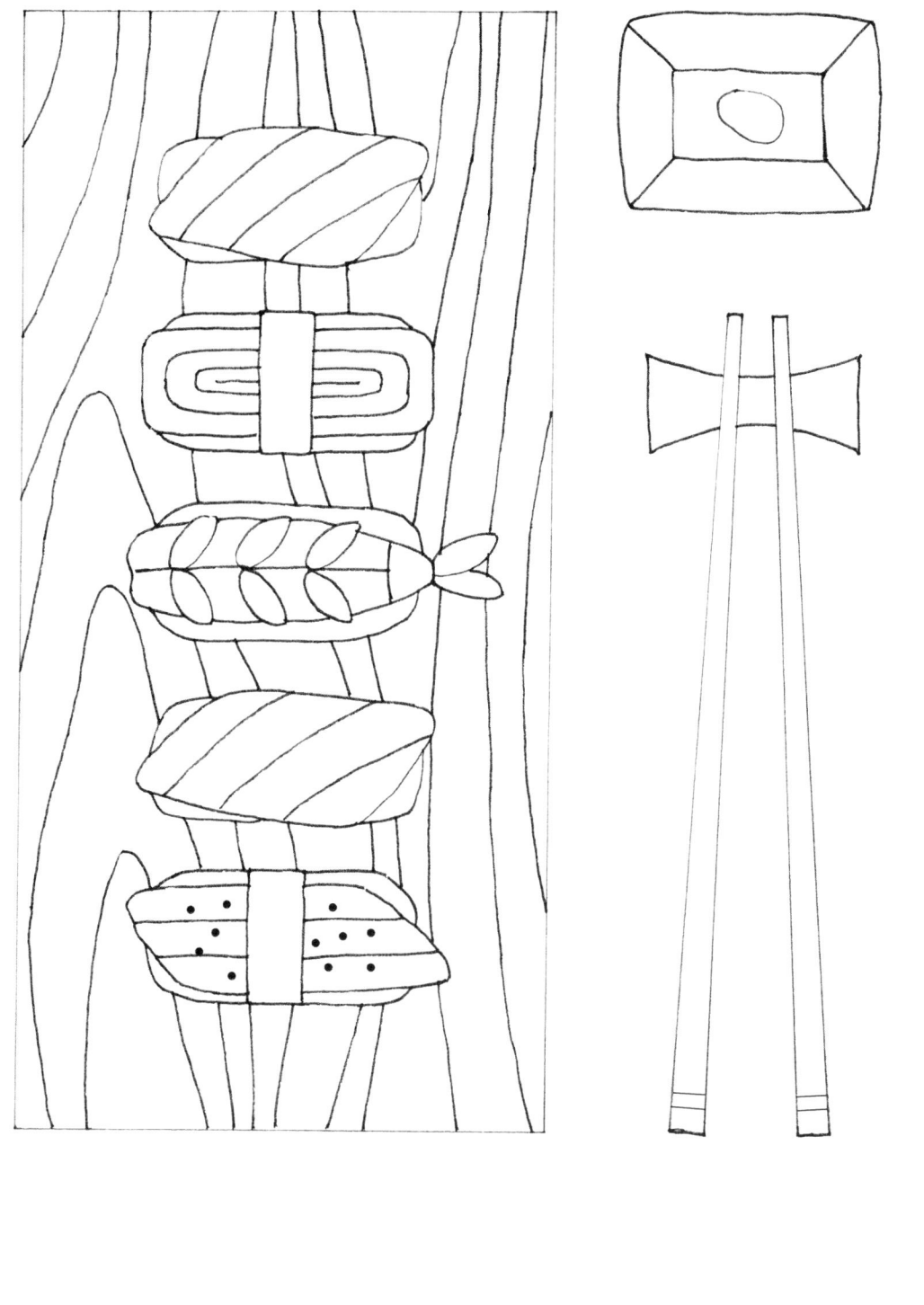

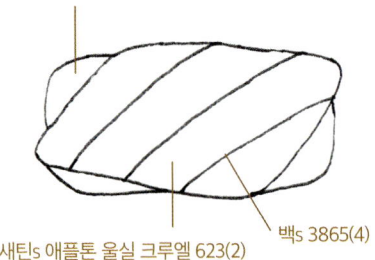
스트레이트s + 새틴s 3865(3)
밥알 모양을 랜덤으로 놓는다. 밥알을 놓을 때 밥알 길이만큼 스트레이트 스티치로 놓고 그 위를 새틴 스티치로 덮는다.
새틴s 애플톤 울실 크루엘 623(2)
백s 3865(4)

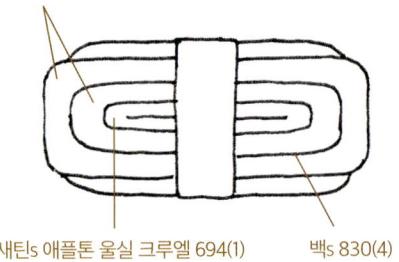
새틴s 애플톤 울실 크루엘 694(2)
새틴s 애플톤 울실 크루엘 694(1)
백s 830(4)

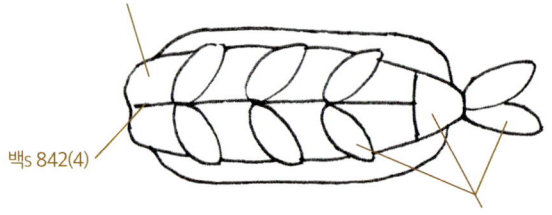
새틴s 애플톤 울실 크루엘 877(2)
백s 842(4)
새틴s 애플톤 울실 크루엘 865(2)

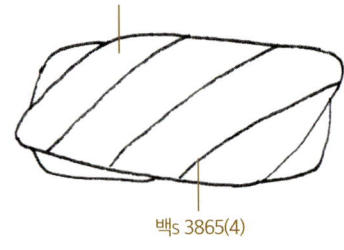
새틴s 애플톤 울실 크루엘 865(2)
백s 3865(4)

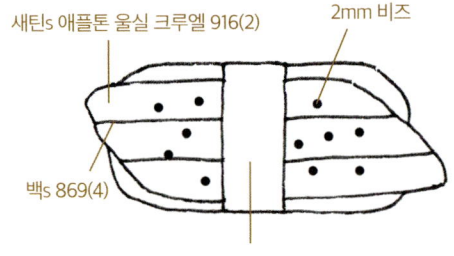
새틴s 애플톤 울실 크루엘 916(2)
2mm 비즈
백s 869(4)
스플릿s 310(1) + 3371(1) + 3799(1)
3가지 색상을 섞어서 총 3가닥으로 놓는다.

도안 설명은 스티치 → 실 번호 → (실의 가닥 수)로 표기했습니다.
예) 스플릿s 3032(3) : 3032번 실 3가닥으로 스플릿 스티치를 합니다.

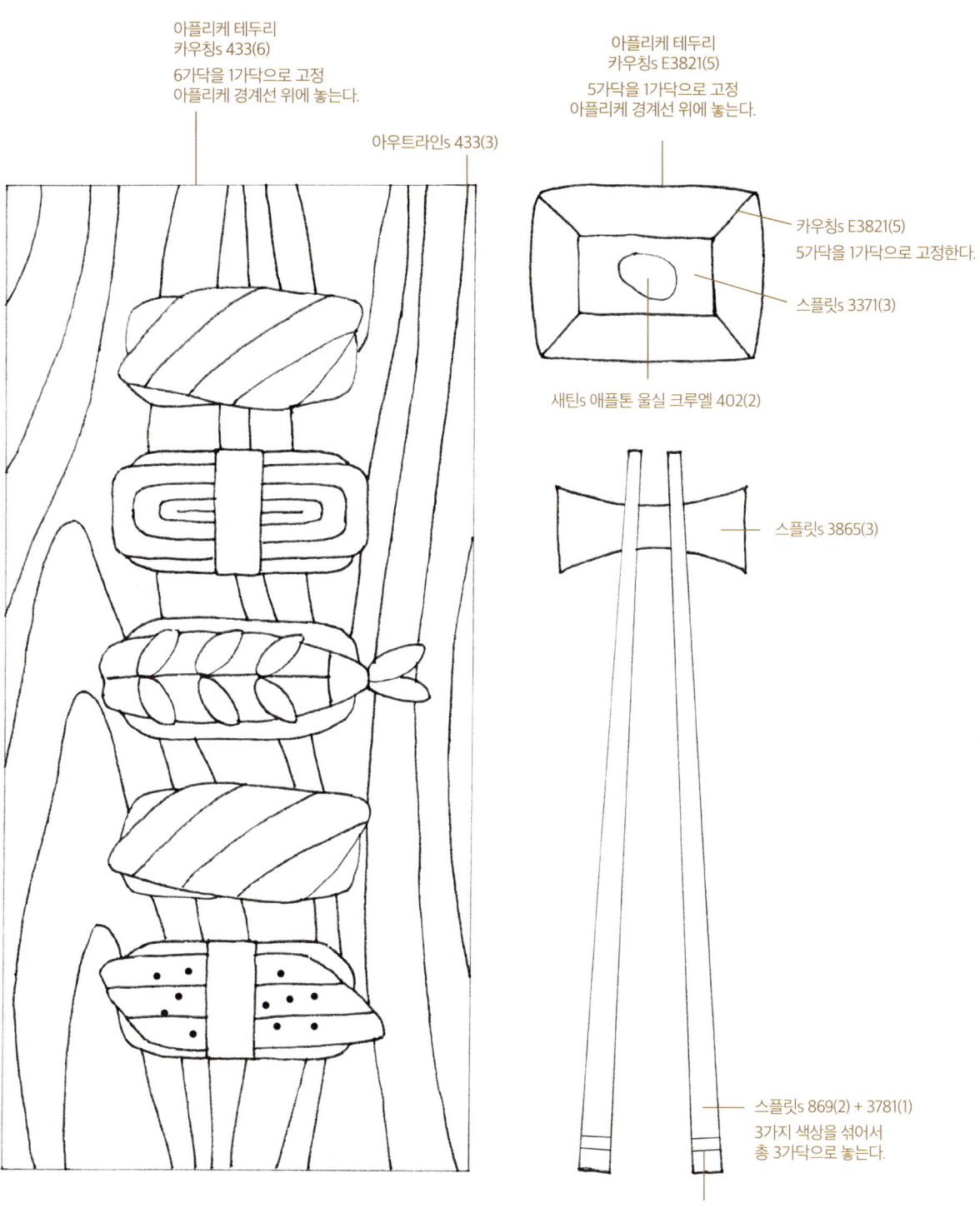

맛있는 자수 03

Coffee Break 액자

⫸ 사용한 원단 ⫷
광목(흰색), 리넨(내추럴)

⫸ 사용한 실 ⫷
DMC 25번사 : E168, E3821, 168, 169, 310, 413, 648, 801, 839, 844, 869, 904, 920, 987, 3024, 3032, 3782, 3862, 3865

⫸ 사용한 스티치 ⫷
러닝 스티치, 레이지 데이지 스티치, 롱앤드쇼트 스티치, 백 스티치, 버튼홀 스티치, 불리온 스티치, 새틴 스티치, 스트레이트 스티치, 스플릿 스티치, 아우트라인 스티치, 아우트라인 필링 스티치, 카우칭 스티치, 캐스트온 스티치, 프렌치 노트 스티치, 휠 스티치

≫ Coffee Break 액자 도안 ≪
목재 패널 액자 만드는 방법은 024쪽을 참고해주세요.

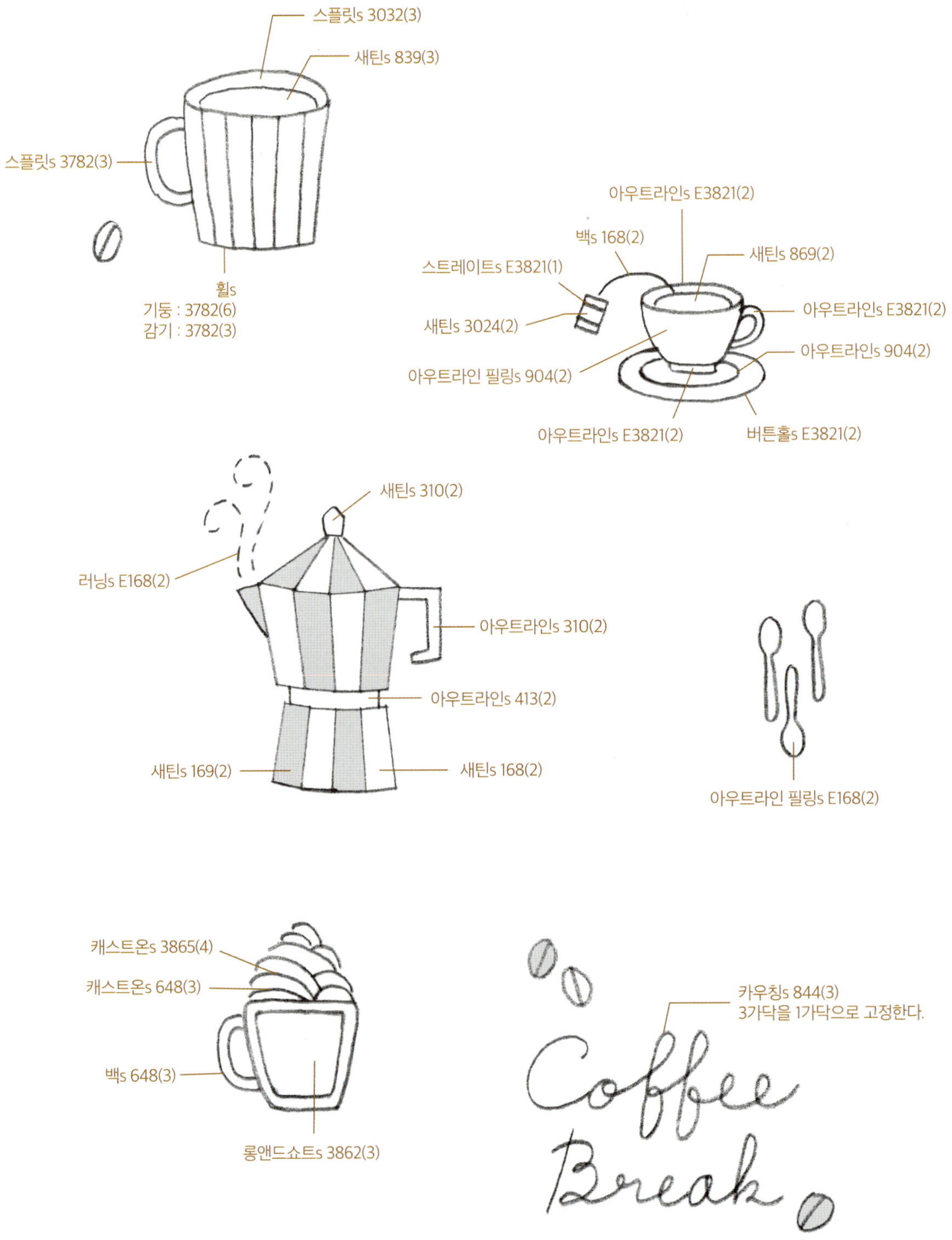

스플릿s 3032(3)
새틴s 839(3)
스플릿s 3782(3)
휠s
기둥 : 3782(6)
감기 : 3782(3)

아우트라인s E3821(2)
백s 168(2)
새틴s 869(2)
스트레이트s E3821(1)
새틴s 3024(2)
아우트라인s E3821(2)
아우트라인 필링s 904(2)
아우트라인s 904(2)
아우트라인s E3821(2)
버튼홀s E3821(2)

새틴s 310(2)
러닝 E168(2)
아우트라인s 310(2)
아우트라인s 413(2)
새틴s 169(2)
새틴s 168(2)

아우트라인 필링s E168(2)

캐스트온s 3865(4)
캐스트온s 648(3)
백s 648(3)
롱앤드쇼트s 3862(3)

카우칭s 844(3)
3가닥을 1가닥으로 고정한다.

도안 설명은 스티치 → 실 번호 → (실의 가닥 수)로 표기했습니다.
예) 스플릿s 3032(3) : 3032번 실 3가닥으로 스플릿 스티치를 합니다.

212

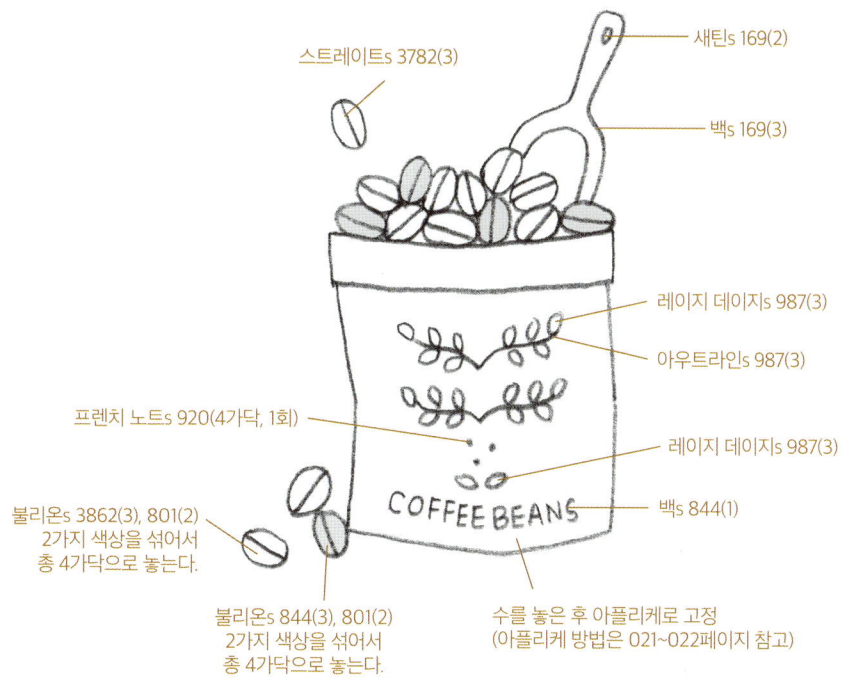

》》 커피콩 주머니 아플리케 하는 방법 《《

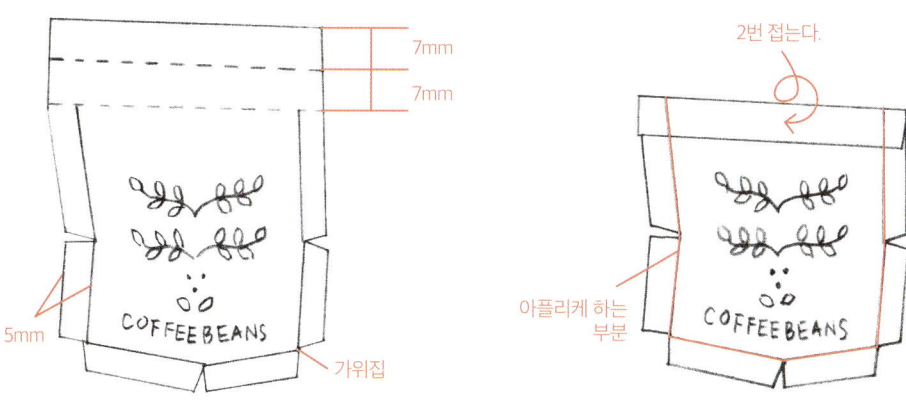

1_ 원단에 수를 놓은 후 그림과 같이 재단을 합니다.

2_ 커피콩 주머니 윗부분을 7mm씩 2번 접고, 주머니 윗부분을 제외한 나머지 부분은 공그르기로 아플리케를 합니다.

맛있는 자수

04

오니기리 액자

》》 사용한 원단 《《
면(진회색)

》》 그 외 재료 《《
목재 패널(16×16cm), 아플리케 재료(단면 접착심지, 양면 접착심지)

》》 사용한 실 《《
DMC 25번사 : 310, 347, 611, 3053, 3345, 3346, 3371, 3799, 3857, 3862, 3865

》》 사용한 스티치 《《
롱앤드쇼트 스티치, 백 스티치, 새틴 스티치, 스플릿 스티치, 아웃라인 스티치, 카우칭 스티치

》》 오니기리 액자 도안 《《
아플리케를 하는 방법은 021~022쪽을 참고해주세요.
목재 패널 액자를 만드는 방법은 024쪽을 참고해주세요.

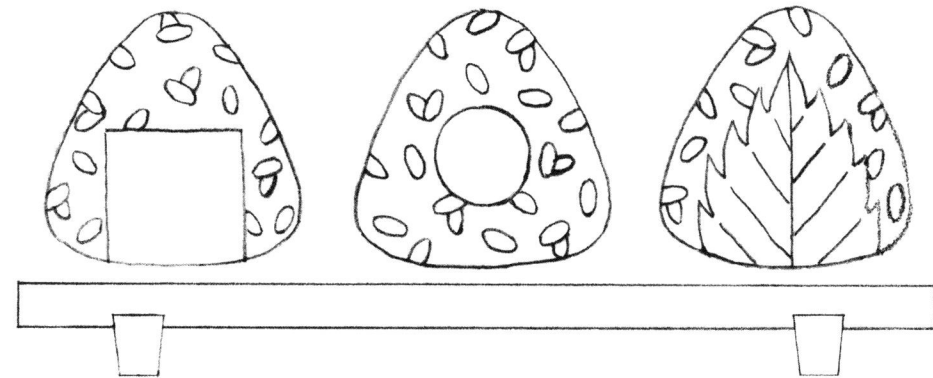

도안 설명은 스티치 → 실 번호 → (실의 가닥 수)로 표기했습니다.
예) 스플릿s 3032(3) : 3032번 실 3가닥으로 스플릿 스티치를 합니다.

카우칭s 3865(3)
3가닥을 1가닥으로 고정,
아플리케 경계선 위에 놓는다.

새틴s 3865(3)
밥알 가로방향으로 ㅡ자형 스트레이트
스티치를 놓은 후 그 위를 새틴 스티치로
덮어서 도톰하게 표현한다.

스플릿s 310(1) + 3799(1) + 3371(1)
3가지 색상을 섞어서 총 3가닥으로 놓는다.

카우칭s 3865(3)
3가닥을 1가닥으로 고정,
아플리케 경계선 위에 놓는다.

스플릿s 347(2) + 3857(1)
3가지 색상을 섞어서 총 3가닥으로 놓는다.

카우칭s 3865(3)
3가닥을 1가닥으로 고정,
아플리케 경계선 위에 놓는다.

롱앤드쇼트s 3346(3), 3345(3)
밝은 색에서 어두운 색으로
자연스럽게 연결하여 놓는다.

아우트라인s 3053(1)

카우칭s 3345(3)
3가닥을 1가닥으로 고정,
아플리케 경계선 위에 놓는다.

스플릿s 3862(2) + 611(1)
2가지 색상을 섞어서 총 3가닥으로 놓는다.

백s 3771(3)

맛있는 자수

05 파스타 액자

》》 사용한 원단 《《
면(빨간색), 광목(흰색)

》》 그 외 재료 《《
목재 패널(16×16cm), 아플리케 재료(단면 접착심지, 양면 접착심지)

》》 사용한 실 《《
· DMC 5번사 : B5200
· DMC 25번사 : 169, 349, 645, 648, 831, 841, 904, 950, 3024, 3046, 3818, 3865, B5200
· 애플톤 울실 크루엘 : 863 877 968 981

》》 사용한 스티치 《《
레이지 데이지 스티치, 백 스티치, 새틴 스티치, 스트레이트 스티치, 스플릿 스티치, 아우트라인 스티치, 체인 스티치, 카우칭 스티치, 플라이 스티치

》》 파스타 액자 도안 《《
아플리케 하는 방법은 021~022쪽을 참고해주세요.
목재 패널 액자 만드는 방법은 024쪽을 참고해주세요.

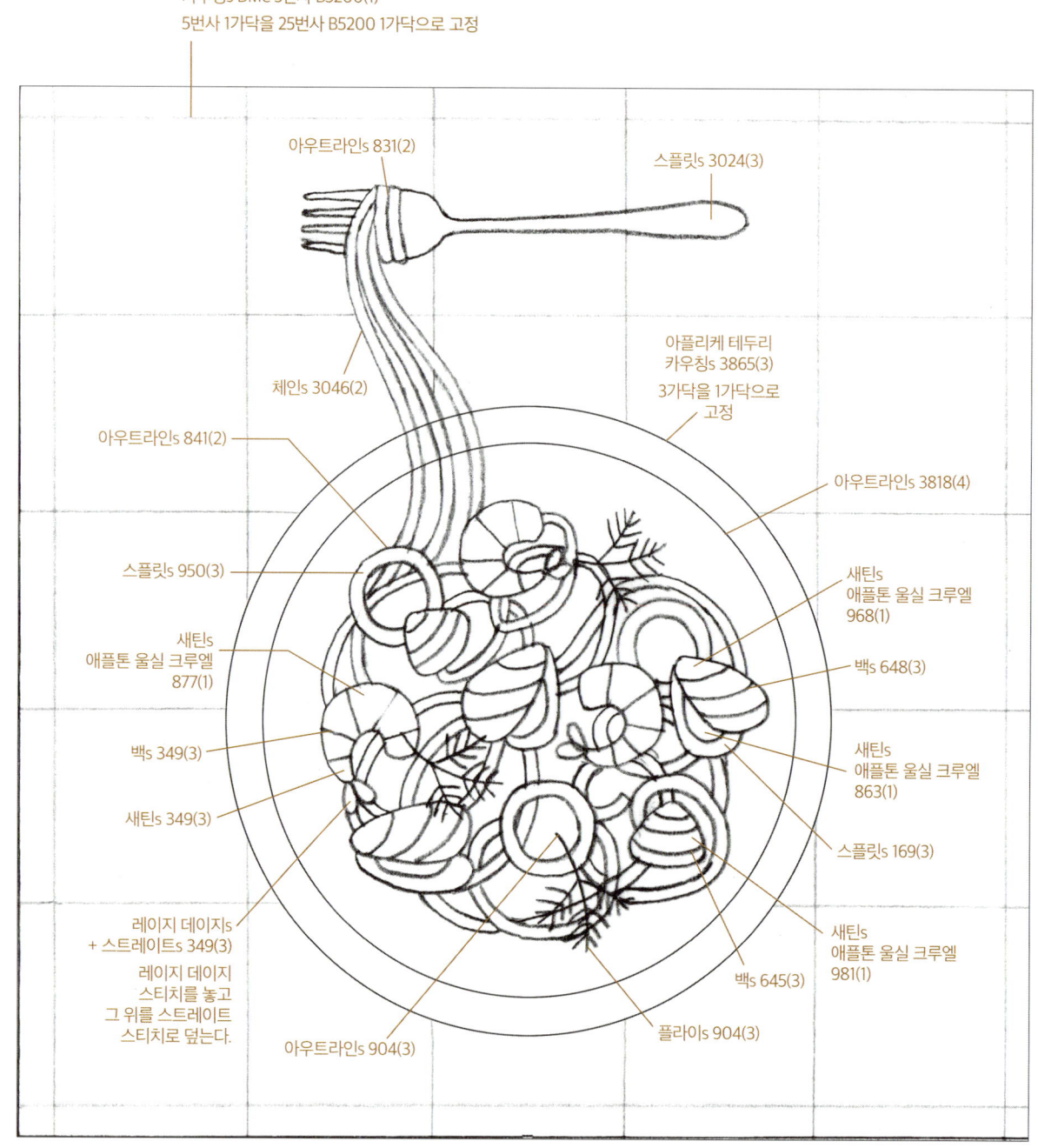

도안 설명은 스티치 → 실 번호 → (실의 가닥 수)로 표기했습니다.
예) 스플릿s 3032(3) : 3032번 실 3가닥으로 스플릿 스티치를 합니다.

맛있는 자수

06

옥수수 액자

》》 사용한 원단 《《
면(하늘색)

》》 그 외 재료 《《
목재 패널(16×16cm), 펠트지(두께 1mm)

》》 사용한 실 《《
DMC 25번사 : 165, 470, 612, 702, 729, 906, 907, 3046, 3078, ECRU

》》 사용한 스티치 《《
불리온 스티치, 스플릿 스티치, 터키 노트 스티치

옥수수 액자 도안

펠트를 덧댄 후, 펠트부분을 먼저 수놓고 그 다음에 옥수수알을 수놓습니다.
펠트지 덧대는 방법은 020쪽을 참고해주세요.

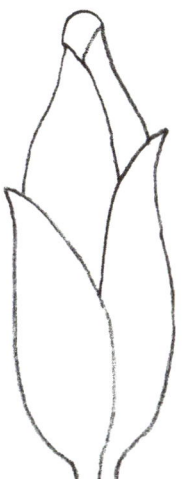 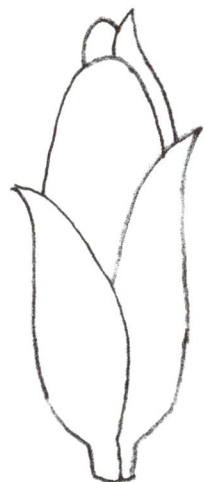 

⋙ 펠트 덧대는 순서 ⋘
숫자 순서대로 겹쳐서 덧대세요.

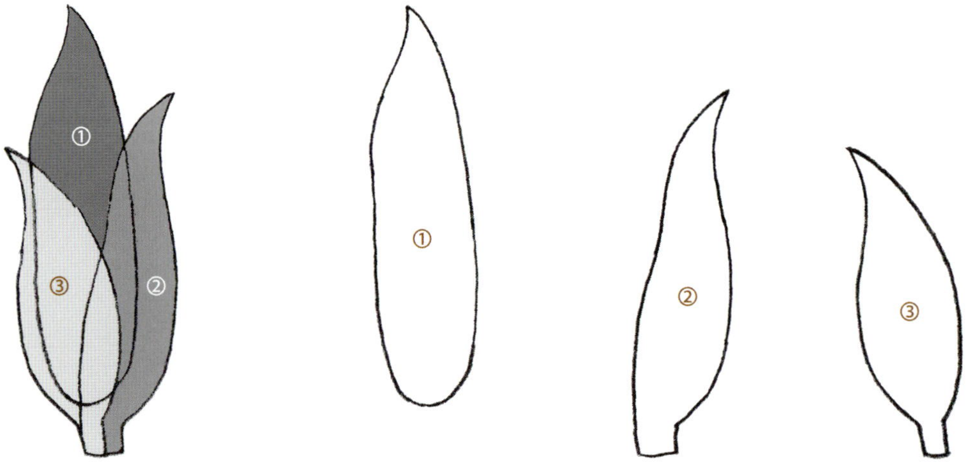

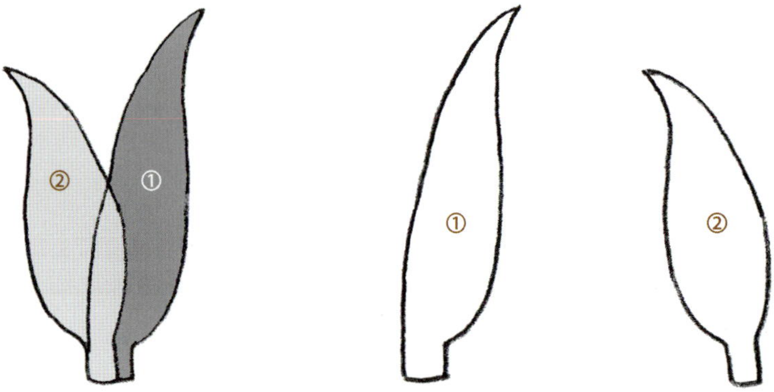

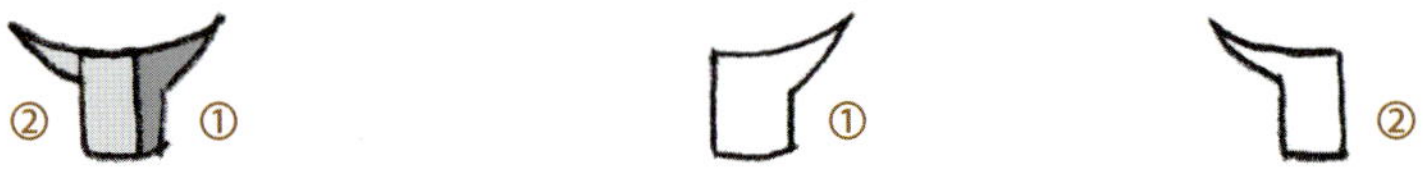

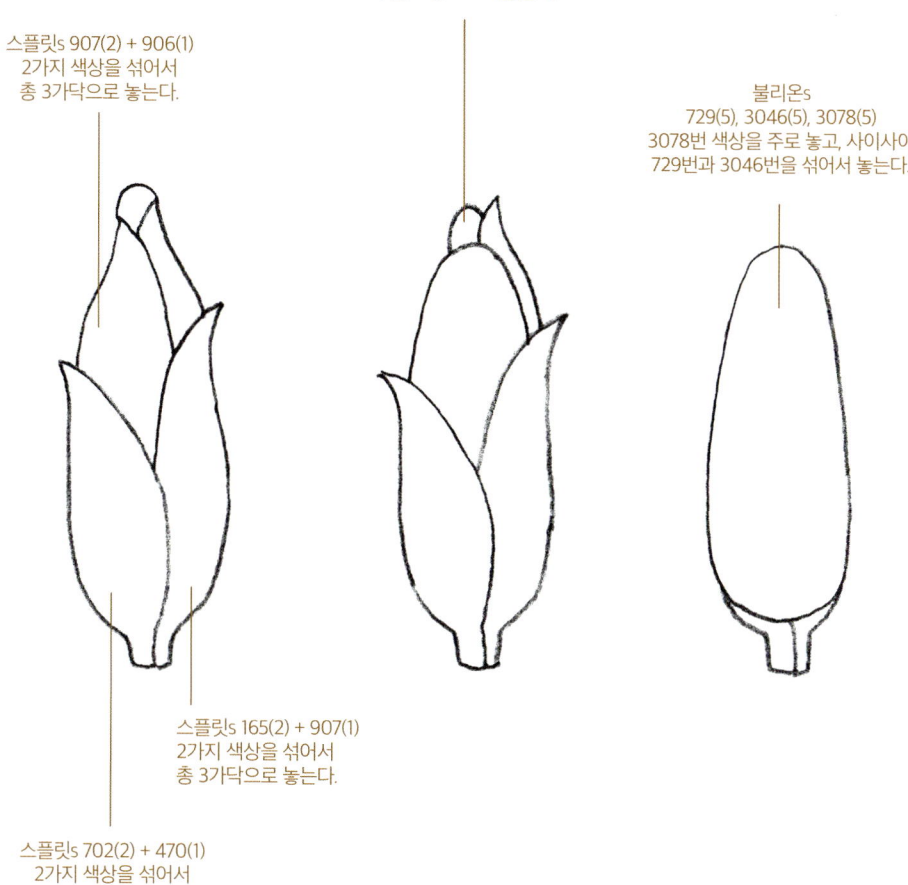

도안 설명은 스티치 → 실 번호 → (실의 가닥 수)로 표기했습니다.
예) 스플릿s 3032(3) : 3032번 실 3가닥으로 스플릿 스티치를 합니다.

맛있는 자수

07 브런치 액자

》 사용한 원단 《

· 접시 : 광목(흰색)
· 바탕 : 광목(진한 노란색)

》 그 외 재료 《

목재 패널(22.5×15.5cm), 아플리케 재료(단면 접착심지, 양면 접착심지)

》 사용한 실 《

· DMC 25번사 : 224, 349, 355, 524, 648, 729, 803, 840, 842, 905, 986, 3024, 3778, 3858, 3862, 3863, 3864, 3865, 3866, 3881, 3882
· 애플톤 울실 크루엘 : 694

》 사용한 스티치 《

레이지 데이지 스티치, 백 스티치, 번들 스티치, 새틴 스티치, 스트레이트 스티치, 스플릿 스티치, 아우트라인 스티치, 아우트라인 필링 스티치, 체인 스티치, 카우칭 스티치

》》》 브런치 액자 도안 《《《
아플리케 하는 방법은 021~022쪽을 참고해주세요.
목재 패널 액자 만드는 방법은 024쪽을 참고해주세요.

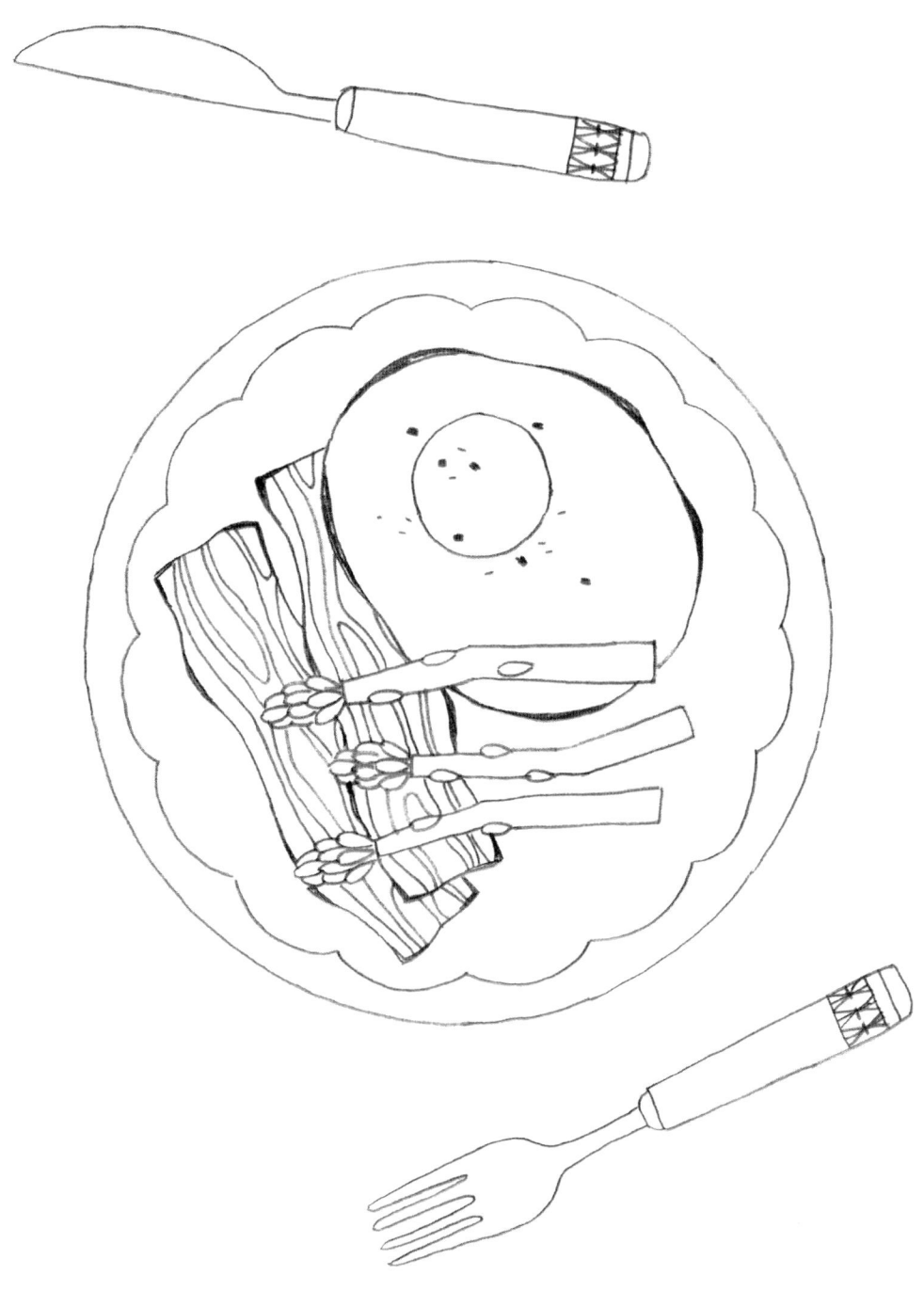

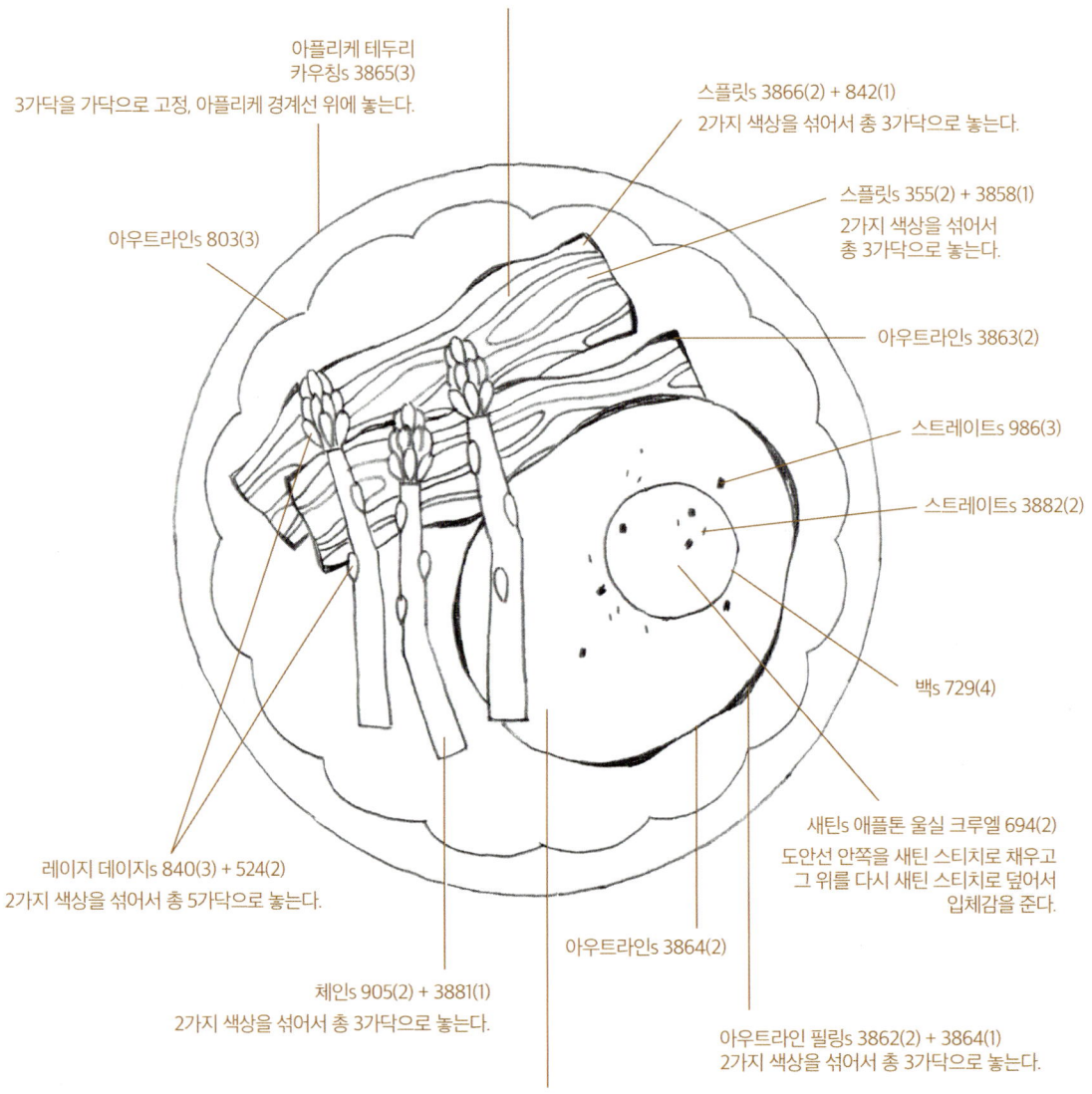

도안 설명은 스티치 → 실 번호 → (실의 가닥 수)로 표기했습니다.
예) 스플릿s 3032(3) : 3032번 실 3가닥으로 스플릿 스티치를 합니다.

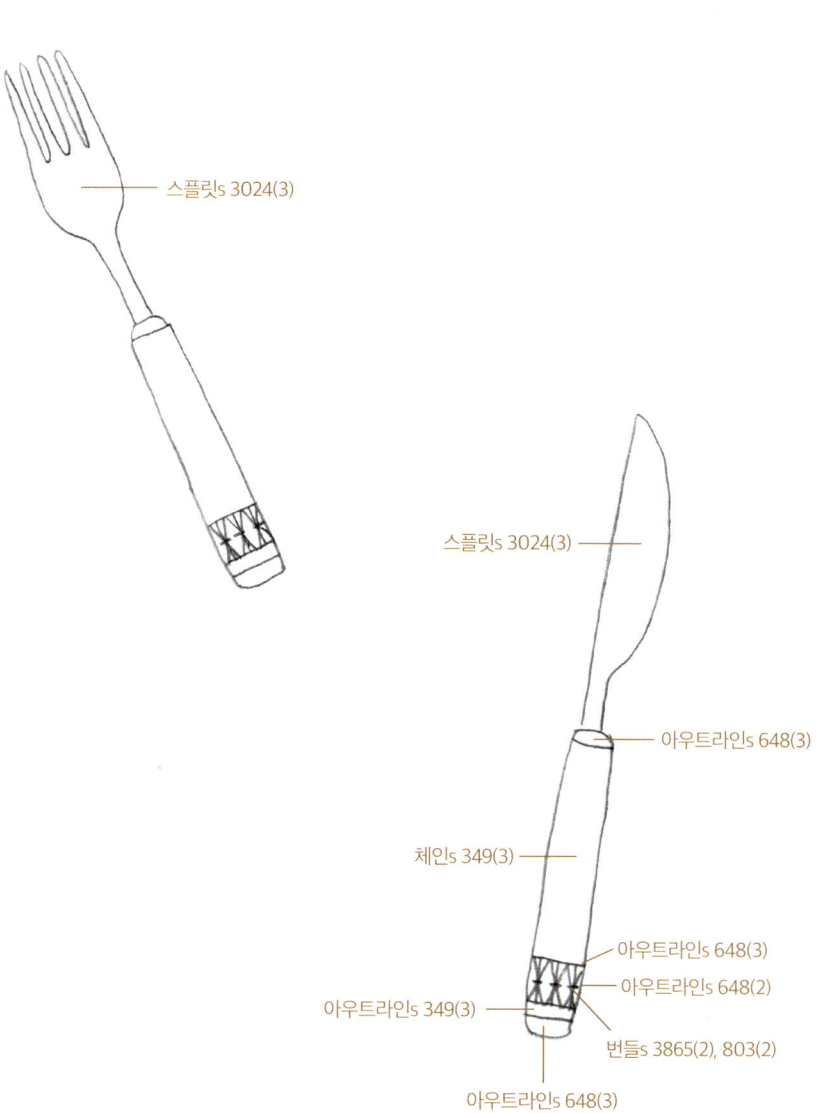

맛있는 자수 08

초밥 마그넷

CHECK LIST

- ☑ A.M 08:00 운동
- ☐ A.M 11:00 장보기
- ☑ P.M 01:00 맥스와산책
- ☑ P.M 05:00 저녁약속
  (홍대)
- ☐ P.M 08:00 영어공부

»» 사용한 원단 ««
광목(흰색)

» 그 외 재료 ««
펠트지, 본드, 자석(지름 7mm)

»» 사용한 실 ««
DMC 25번사 : 152, 168, 169, 223, 310, 317, 351, 453, 543, 677, 762, 841, 918, 926, 950, 3045, 3046, 3328, 3371, 3722, 3768, 3799, 3831, 3865, 3866, 3893

»» 사용한 스티치 ««
러닝 스티치, 롱앤드쇼트 스티치, 블리온 노트 스티치, 불리온 스티치, 새틴 스티치, 스트레이트 스티치, 스플릿 스티치, 아웃라인 스티치, 위빙 스티치

》》 초밥마그넷 도안 《《

초밥의 밥알부분은 모두 '불리온 스티치(실 색상 : 3865, 4가닥 7~8회 감기)'입니다.

펠트지 덧대는 방법은 020쪽을 참고해주세요.

마그넷 만드는 방법은 023쪽을 참고해주세요.

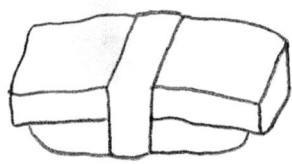
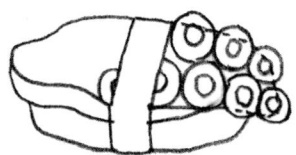
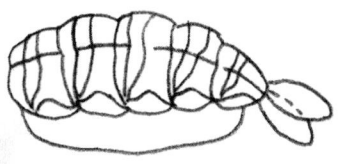
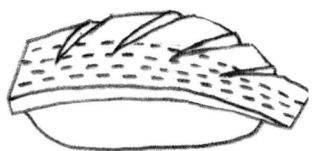

》 초밥마그넷 펠트 덧대는 부분 《

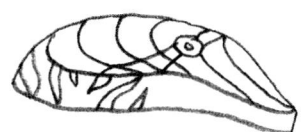
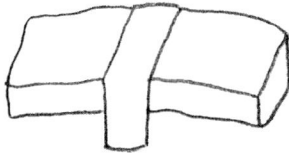
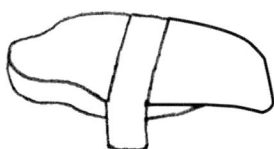

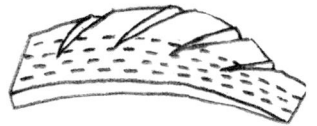

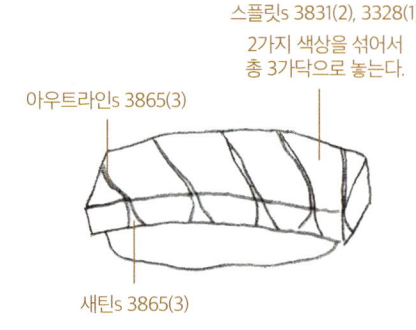
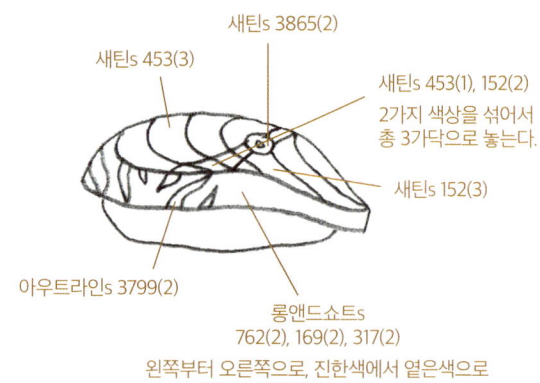
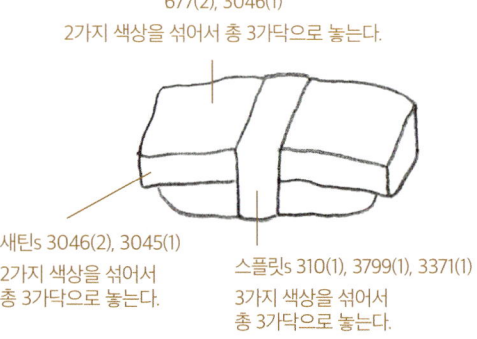
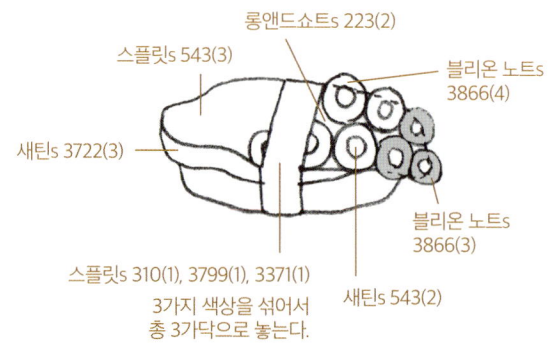
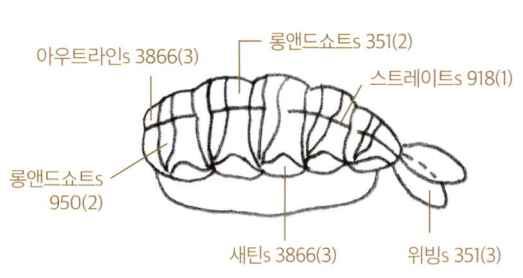
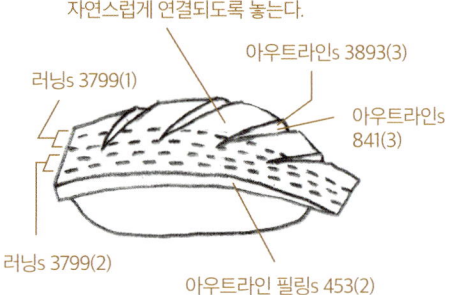

도안 설명은 스티치 → 실 번호 → (실의 가닥 수)로 표기했습니다.
예) 스플릿s 3032(3) : 3032번 실 3가닥으로 스플릿 스티치를 합니다.

How to make p.096

How to make p.120

How to make p.178

아뜰리에 올라의
프랑스 자수 작업실

초판 1쇄 발행 2017년 8월 31일
초판 4쇄 발행 2020년 10월 20일

지은이 이화영
펴낸이 이지은
펴낸곳 팜파스
기획·진행 이진아
편집 정은아
디자인 박진희
마케팅 김민경, 김서희
인쇄 케이피알커뮤니케이션

출판등록 2002년 12월 30일 제10-2536호
주소 서울시 마포구 어울마당로5길 18 팜파스빌딩 2층
대표전화 02-335-3681
팩스 02-335-3743
홈페이지 www.pampasbook.com | blog.naver.com/pampasbook
이메일 pampas@pampasbook.com | pampasbook@naver.com

값 16,800원
ISBN 979-11-7026-174-2 13590

ⓒ 2017, 이화영

- 이 책의 일부 내용을 인용하거나 발췌하려면 반드시 저작권자의 동의를 얻어야 합니다.
- 잘못된 책은 바꿔 드립니다.

이 도서의 국립중앙도서관 출판예정도서목록(CIP)은 서지정보유통지원시스템 홈페이지(http://seoji.nl.go.kr)와 국가자료공동목록시스템(http://www.nl.go.kr/kolisnet)에서 이용하실 수 있습니다.(CIP제어번호: CIP2017019517)

이 책에 나오는 작품 및 일러스트는 저자의 소중한 작품입니다.
작품에 대한 저작권은 저자에게 있으며 2차 수정·도용·상업적 용도의 사용을 금합니다.